九州学院を強豪校に導いた
友喜力

坂井宏安

竹書房

はじめに

振り返ってみれば、じつに楽しい40年間だった。

日本体育大を卒業後、千葉県の銚子商で3年間のコーチ生活を経て、母校の九州学院に戻ってきたのが1983年。翌年から野球部の監督を3年間務めた後、バドミントン、空手道、中学柔道部と、専門外の運動部顧問を経験することもできた。そこで多様な価値観を培いながら、そのすべてで全国大会に出場することができたのだ。こうした時間も、私にとっては間違いなく人生の宝物となった。

1995年に再び野球部を率いてからは、甲子園に出場すること春夏通算で10回。1998年から2000年にかけて、熊本県勢として初の3年連続夏出場を達成することもできた。2012年春には、2回戦で大阪桐蔭と対戦し、敗れはしたものの藤浪晋太郎投手（アスレチックス）から2点を先制するなどして、3−5と互角の勝負を演じることもできた。当時の選手たちは「相手はドラフト1位のバッテリーで、春夏連覇したチーム。でもそんなチームとやれたんだよ」と胸を張って、酒を酌み交わしていることだろう。

負けて自信が付く場所というのも、そうそうあるものではない。そして「夢を持って、戦える場所がある」ということは、高校生にとってこれほど素晴らしいことはないだろう。あの年、私たちは高校野球の醍醐味を体現できたと思う。甲子園での最高成績は2010年夏の8強だが、過去の戦いぶりから全国の高校野球ファンの心根に「熊本に九学あり」という印象を残すことができたのではないかと感じている。また、次男・宏志朗との親子鷹で2度も甲子園に出場できたことも、個人的には幸せな思い出だ。

九州学院の監督時代には、14人もの教え子がプロ野球選手へと成長し、4人の高校日本代表を育てる機会にも恵まれた。最近では阪神の1番打者に定着しつつある島田海吏や、DeNAのセットアッパーとして活躍する伊勢大夢が、リーグを代表する選手に成長してくれている。

そして、ヤクルトの村上宗隆である。村上は2021年に東京五輪の日本代表に選出され、決勝戦でホームランを放つなどの活躍で金メダル獲得に貢献。2022年になると、その神がかり的な打棒に一段と磨きがかかり、日本人選手歴代最多のシーズン本塁打記録を塗り替えただけでなく、史上最年少で三冠王に輝くなどして、チームをリーグ連覇に導いたのだった。おそらく、村上は日本代表の4番打者として、これから長期にわたって活躍してくれることだろう。

野球部の監督を退いたのは、コロナ禍の真っただ中にあった2020年夏のことだ。翌年の春に学校の定年を控えていた私は、いずれタクトを後進に引き継ぐのなら、新チームがスタートするタイミングがベストだと判断した。後任は、長い間、部長としてわがままな私を支えてくれた平井誠也である。平井をはじめ、私はコーチ陣にも恵まれた。土日にはOBの吉野定幸をはじめ、何人もの外部コーチがグラウンドに来てくれた。そして彼らスタッフが、引き続き野球部を支えてくれるというから、安心して身を引くことができたのである。

また、平井に監督を譲った時期は、彼の息子が野球部で最上級生になったタイミングでもあった。私も息子と甲子園で戦った経験があるので、平井にも存分に指導してほしいという思いもあった。

その夏、熊本県では各地区に分かれての独自大会が行なわれ、九州学院は熊本市内大会の準々決勝で文徳に3－4で敗退。それが私にとっての九学ラストゲームとなってしまう。ただ、ありがたいことに、そうした世情がゆえに私の退任が大きな騒ぎになることもなく、静かにユニフォームを脱ぐことができたのだった。これはあくまで学校人事である。身内の人事をわざわざ触れ回る必要もないということで、私は退任の手紙も書いていない。したがって、村上の大活躍によって私にスポットが当てられるようになったつい最近まで、私が監督を辞めたことを知らない人も多かったようだ。

私は生徒との対話を重視し、彼ら全員を自分の子供だと思って接してきた。九学野球部はファミリーなのである。私の指導方針の柱のひとつに「親身」というものがある。文字通り、親の身になって子供と接するという意味だ。我が子だからこそ、厳しくもなれるし本気で叱ることもできる。また、我が子だからこそ親である私自身が彼らの盾となり、矢面に立たねばならないとも考えてきた。

私は相手が大先輩だろうが、連盟であろうが「ダメなものはダメだ」と平気で盾突く男だけに、敵も少なくはなかったと自覚している。しかし、そうした行動も〝子供たちを守りたい〟という一心から来るものだ。親が我が子を守るのは、当然のことである。ましてや、特待制度に頼らない九州学院には「九学に入りたい」、「九学で野球がしたい」と自ら望んで入学してくれた生徒ばかりなのである。そういう事情も重なるだけに、ひと一倍親身になるのは当然だ。

もちろん、野球部に限らず私が接してきた生徒のすべてに対して親身になり、母校で40年の教職を務め上げることができたという自負もある。これがどれだけ幸せなことかを説明するのは難しいが、私はそういう教育方針によって、高校を卒業した後にもう一度、母校・九州学院に育てていただいたと強く感じている。

また、私が指導において大事にしていた指針が、もうひとつある。それは「友喜力《ゆうきりょく》」である。「友喜力」は私が考案した造語で、仲間や家族のために力を尽くしなさいという、生徒へのメッセージでもある。自分のことならすぐに諦めてしまうかもしれないが、自分を支えてくれる仲間や家族のためなら、最後まで頑張り通すことができるはずだ。控えに回って練習を補助してくれるチームメイトや、毎日健康と無事を祈りながら高校生活を送らせてくれている両親や家族を喜ばせることが、最終的には自分の力となって返ってくるのである。

私が口を酸っぱくして子供たちに説いてきた「友喜力」を、超一流のプロ野球選手になった村上が陣頭に立って発揮してくれている。村上だけでなく、各地の大学に進学した者や、一般社会に出て働く教え子の多くが、それぞれの場所で「友喜力」を振り絞って頑張っているという話を耳にするたび、私は得も言われぬ幸福感に包まれるのだ。

私が銚子から戻ってきた1980年代前半の九州は、海星の的野和男監督、佐世保工や波佐見で活躍された得永祥男監督、鹿児島実の久保克之監督や鹿児島商工（現・樟南）の枦山智博監督、沖縄水産の栽弘義監督ら、甲子園でもおなじみのレジェンドたちが、まだまだ元気に活躍されていた時期でもある。そんな錚々たる顔ぶれに交じり、右往左往していた若造に手を差し伸べてくれたのは、鳥栖の平野國隆監督だった。平野監督は「九州はひとつ」というスローガンのもと、栽監督や久保監督らとともに九州監督会を起ち上げた方で、甲子園にも春1回、夏2回の出場がある。元広島監督の緒方孝市さんらを育てた名将としても知られたが、２０１３年12月、66歳という若さでこの世を去られた。この九州監督会が大ベテランから若手まで、有名無名を問わず各校監督の懸け橋となり、九州勢の実力向上に大きな役割を果たしたのである。

私自身、この会のおかげでずいぶんと交友関係が広がり、県をまたいだ多くの交流を育むことができた。また「生徒を守るために」と歯に衣着せぬ発言を繰り返し、誤解を招くことが多かった私を「坂井君はギャンギャン言っているけど、本心はこうだからな」と言って、いつもかばってくれたのも平野監督だった。平野監督は本当に垣根なしで話ができる大人物で、もし平野監督に出会っていなければ、今の私はなかったと言い切っていい。

春の対外試合解禁日には、九州学院の徳王グラウンドで鳥栖と練習試合を行なうのが毎年の恒例行事にもなっていた。梅の香りが漂う穏やかな3月のグラウンドで、試合をすればほぼ九州学院が勝利する。しかし、平野監督は悔しさを押し殺しながら「坂井君、今日はこの弁当が楽しみで来たようなもんだから」と、大のお気に入りだった山本屋の弁当を笑顔で頬張るのである。その姿は、今も瞼に焼き付いて離れない。

そして、教員生活40周年という節目を迎えた私は、２０２３年を持って九州学院を去る。２０２０年夏を最後に野球部の監督を退き、その後はフィギュアスケートの顧問として５種目目の全国大会を経験することもできた。これで九州学院での仕事は、すべてやりきったという思いである。そんな人生のけじめを迎えたタイミングでいただいたのが、私の思いを著書という形にして残すという機会だった。

ただ、本当に特別なことをしてきたつもりはなく、当たり前のことをコツコツと説きながら、生徒を育ててきたに過ぎない。一方で「親身」や「友喜力」をベースに、あらゆる工夫を重ね、想像力を働かせながら指導していく中で、野球というスポーツは〝五分《ごぶ》の魂〟さえあれば、どんな相手とも充分に戦えるということを、私たちは身を持って体験してきたのも事実だ。

教員生活や野球の指導で経験してきたことのすべては、人生のあらゆる事象に置き換えることができる。その一端を書き残すことが、読者のみなさんの一助になるというのであれば、私は進んで執筆という難題にも取り組もう。そうすることで、私自身もみなさんとともにスキルアップできるかもしれないのだから。

この本は卒業生・同窓生、教え子、その保護者の方々、同僚教員のみなさんといった九州学院に関係するすべてのみなさまだけでなく、熊本県民のみなさま、全国の高校野球を愛してやまないファンのみなさま、各分野で後進を指導するリーダーの方々、村上宗隆ら教え子を通じて坂井宏安という人間に興味を持ってくださった方々、長きにわたって私とともに戦ってくれた家族、そして大恩人の故・平野國隆監督に捧げたい。

まずは、数ある野球関連本の中から拙著を手に取ってくださったことに、心から感謝を申し上げます。

目次

はじめに ……… 2

第一章
創造性
野球、バドミントン、空手、柔道の指導で培った柔軟な発想

遥か遠い世界の甲子園 ……… 20
先輩の脅威にすらならなかった高校時代 ……… 22
「水をください！」 ……… 24
中九州代表としての甲子園 ……… 27

日体大寮長時代に起こした劇的改革……30
「銚子商」という未知の世界……33
よそ者と〝市民総監督〟……36
銚子で学んだ「本気を伝える叱り方」……38
他競技にあって野球にないもの……41
甲子園に存在する「3つの感動」……44
熊工がいたから九学は輝いた……46

第二章

親身

勝利者を育てた坂井流コーチング

「怒る」と「叱る」は絶対に必要……52
15歳の子供を騙してはいけない……54

野球はメリハリのある個人競技だ……57
「心身の健康と安全」を維持するための部活動……60
泣くことが許される唯一の場所……62
練習後10分で帰るチームを目指そう！……64
長時間ミーティングは指導者の自己満足だ……67
自分のことは自分でやれ……70
ベストを尽くすな、有頂天になるな！……71
隣の芝生を見すぎては危険だ……74
〝ゆで卵教育〟で透けて見える現代っ子の姿……76
高校生なら監督の言うことに反発していい……78

第三章
友喜力
三冠王を育てた九学野球部のスローガン

自分のためではなく、友のために……82
友喜力で摑んだ甲子園8強……84
レギュラーポジションは9つだけではない……87
最重要ポジションは男子マネジャー……89
喜びは内側に向けるべし……91
「ウチには選手がいない」は絶対禁句……94

第四章
教え子、村上宗隆
「臥薪嘗胆」、不屈の友喜力で日本の4番打者となった男

入学即4番で清宮幸太郎と対峙……98
長打一辺倒のバッターには育てなかった……101
キャッチャーコンバートがもたらした2つの効果……104

村上は〝叱りやすい〟生徒だった……106
「野球部では長男であれ」……109
プロ入り時に送った「臥薪嘗胆」……111
歴史的56号誕生の背景にあったもの……114
世界の中の「村神様」へ……117

第五章
一芸は身を助く
突出した才能を備えたスペシャリストたち

中体連陸上大会の意義……122
ふたりの〝ドライチ〟……124
高校野球史上、最速の男……126
「5月連休の壁」を突破した溝脇隼人……128

〝適当ピッチング〟で覚醒した大塚尚仁……131
伊勢大夢の143キロ……134
一芸を伸ばす「末續慎吾コーチ」の存在……137
一芸選手こそ多芸でなければならない……139

第六章

九学野球の深層部分

坂井宏安の「野球論」と「打撃論」

終わりの見えない練習は苦しい……144
「練習の効率化」と「効果的な練習」……146
年間スケジュールの立て方と休養日の設け方……149
「軸回転」で楽ができるフォームを探れ……151
相手投手に100球以上投げさせるな!……153

「全力」と「脱力」が入れ替わるタイミング……156
九学打線を作る「ブロック」と「オリジナルバット」……159
速すぎるマシンは打たせない……161
打撃解体とスイッチヒッター転向……163
「音で振る」で復活した萩原英之……165
2、3番バッター最強論……168
根強くはびこる間違った解釈……170

第七章
新時代の野球界へ

高校野球、進化への提言

高野連は柔軟な組織だ……174
「時短追求」に潜む事故や故障のリスク……177

ピッチャーの限界を知れ……179
7イニング制野球の可能性……181
九学は高校野球界のファッションリーダー……183
「サイン盗み」に守られた選手に未来はない……187
選手の県外流出に思う、ルールの脆弱さ……189
指導者のための巡回講習会……191
熊本地震……194
高校野球で「郷土意識」を高める方法……196
おわりに……201

第一章 創造性

野球、バドミントン、空手、柔道の指導で培った柔軟な発想

遥か遠い世界の甲子園

1957年5月14日、私は熊本市と八代市の間に位置する下益城郡松橋町（現・宇城市）で生を受けた。姉3人、男は私ひとりという4きょうだいの末っ子で、小学校の頃はソフトボールや地元で盛んだったハンドボールのクラブに所属して体を動かしていた。当時の遊びといえば、とにかく野球しかない時代である。学校の休み時間に三角ベースをしたり、秋には稲刈りが終わったばかりの田んぼに入って野球をしたり。

小学校高学年の頃には「巨人の星」のテレビアニメが始まった。そこでさらに野球への関心が高まっていった。当時はテレビ中継も巨人戦しかなく、私も例に漏れることなく巨人ファン。ONの全盛期で〝郷土の英雄〟天下の川上哲治さんが監督をされているのだから、その他の選択肢は皆無といってよかった。他球団の選手といっても江夏豊さんや村山実さん、平松政次さんなど、巨人との対戦を通して知るばかりである。パ・リーグに至っては放送すらなく、何の情報もなかった。

しかし、プロ野球などはまったく異次元の世界で、一番見ていた野球は高校野球の甲子園大会だった。とくに印象に残っているのが、松山商と三沢の伝説的な決勝戦だ。延長18回を無失点で投げ切り、翌日の再試合で惜敗した太田幸司さんの姿に〝凄いなぁ〟と、ただただ感動するばかりだった。甲子園との最初の接点は、1967年春だ。私たちの親戚で、鎮西の外野手として活躍した藤本忠範さんがセンバツに出場したため、家族全員で藤本さんを応援したのが始まりだ。のちに藤本さんは、熊本の崇城大野球部で40年近く指揮を執り、チームを5度の全日本大学選手権出場に導いている。

とはいえ、当時の高校野球はまだ「中九州大会」が存在しており、夏に熊本で優勝しても即甲子園とはいかなかった時代である。県内では熊本工や鎮西、八代東などが強さを発揮していたが、熊本大会の決勝進出2チームは、大分県の決勝進出2チームとトーナメントを行ない、そこを勝ち抜かなければ甲子園には到達できないのだ。そして、当時は熊本の学校がなかなか大分県勢に勝てなかった。私が中学3年生の頃には大分の津久見が夏の甲子園を制し、古豪の大分商も全盛期を迎えていた。1958年の春に済々黌が県勢唯一の甲子園優勝を達成しているが、当時1歳の私にその記憶などあろうはずもない。

だから、甲子園という場所は外国や月ほど遠い存在だった。遠すぎて、違う世界の人たちが野球をやっているイメージしか湧かないのだ。そういう時代だったからこそ、私のまわりには「甲子園に行こう」という夢など持てない子供がほとんどだった。ただ、目の前にある三角ベースやソフトボールを腹いっぱい楽しむ。そういう環境の中で、私はのびのび育っていった。

先輩の脅威にすらならなかった高校時代

初めて野球部に所属したのは、中学生になってからだ。中学校の軟式野球部に入り、2年生になって初めてユニフォームに袖を通し、スパイクを履いた。もちろん甲子園やプロ野球選手を目指していたわけではなく、とにかく野球やソフトボールが好きだったから、チームに入ったにすぎない。それぐらい、当時から楽しんで野球をやっていた。また、私にキャッチボールやスコアブックの付け方など、野球の基礎を教えてくださった元田令爾先生には、今も大変感謝している。

松橋中学校を卒業した後、九州学院高等学校に入学した。「敬天愛人」を校訓に掲げ、キリスト教による全人格教育を目指す九州学院は「九学」の愛称で親しまれ、今年で学校設立112年目を迎える私立高校・中学校だ。熊本市のシンボル熊本城と、国内有数の大名庭園として知られる水前寺成趣園のちょうど中間あたりに学校があり、文武両面で秀でた成績を残し続けてきたことで、多くの市民、県民から熱い支持を受けながら今日に至る。

私が現役の頃の九州学院は緒方徹監督が率いており、現在の九州学院とはまるで雰囲気が違って、とても厳しかった。緒方監督は私たちより10歳上の20代後半と若く、もっとも元気が良かった時代である。当然、上級生からの〝指導〟も存在した。同級生は20人ぐらいが入部して、最終的に残ったのは11人。私より良い選手はたくさんいたものの、入学から卒業までに部員数が半減してしまうのである。辞めていく子は実力で目立ってしまうから、先輩方からどうしても標的にされやすい。私は上手な方ではなかったので、先輩方もそれほど脅威には感じていなかったのだろう。

甲子園は依然として遠い存在だった。当時は松橋から通っていたが、野球で大学に行きたい、社会人に行きたいという発想もなかった。高校の先にある野球というものも、プロ以外はまったく知らなかったのである。1年の秋には翌春のセンバツ出場を懸けた九州大会に出場することができたが、それが甲子園に繋がる大会ということすら知らなかった。

センターのレギュラーになったのは、最上級生となった2年秋になってからだ。そもそも私たちの上が強く、ひとつ下も良い選手がたくさんいたために、私たちは期待されていた学年ではなかった。ようは〝谷間の世代〟というやつだ。

最上級生になってレギュラーになれば、ノックにも打撃練習にも入れてもらえるようになる。メンバー外の頃は、練習に入れば怒鳴られてばかりで、上級生からの視線も強くなる。あのプレッシャーから解放されたのだから、当時はレギュラーを掴んだことよりも、その喜びの方が大きかった。

この当時は、バッティング練習といってもレギュラーがフリーを5分×2回をこなす程度である。ナイター設備がないため、日が暮れる前にノックを行なう。レギュラー練習に入れない下級生時代は、現在のようにトレーニングをしていたわけでもなく、ただ「捕って、投げて、打って」といった基礎の反復練習ばかり。したがって、自分たち選手だけでバント練習を入れてみるなど、いろんな工夫を重ねていた。

「水をください!」

現在、九州学院の野球部が使用している熊本市内の徳王グラウンドは、1984年の創立70周年記念事業で完成したもので、私たちの時代は学校の敷地内にあるグラウンドで練習をしていた。他の運動部との共用で、セカンドの定位置前に陸上のトラックがあり、トラック内のフィールド中央にセンター、ライト、レフトが守っている。センター付近ではラグビー部が練習しており、ライトの定位置あたりでハンドボール部が練習していた。

陸上の兼本哲也先生が「ちょっと今からタイム走をやるから！」と言ってくると、そこからはバント練習に切り替わり、私たちも多少の休憩を入れることができた。陸上のタイム走が終わると、そこからまた練習を再開するといった具合である。県内屈指の強豪だった陸上部は、私たちが1年生の時に駅伝で都大路2位に入るなど、運動部としての実績も立ち位置も、完全に野球部より上だった。陸上の先生も「ウチの子らは陸上競技場のホームストレートに戻ってくると、みんな本部席の方向を見て走るんだよ。野球部のボールが飛んでこないかが気になって、癖が染みついてしまっているんだ」と、いつも笑い話で言っていた。そういう環境の中で、九州学院の各運動部は活動していたのだ。

もちろん、夏場であっても水を飲んではいけない。しかし「九州の中でもっとも蒸し暑く、じめじめしている」と言われるほど、熊本市の夏は暑い。いかに指導者の目を盗んで水分を摂るか。それは単なるいたずら心から来るものではなく、生命に関わる死活問題といってよかった。だから、隣にあった熊本女子高校の敷地内にキャッチャーフライが飛び込んでいくと、部員は先を競ってファウルボールを取りに行った。とくに試合に出ていない者たちにとっては、校外に飛び出していくボールこそが水分補給のための〝チャンスボール〟なのだ。外に出ていった部員がいつになっても戻ってこないから、人が呼びに行くと「ありませーん!」などと言ってごまかし、なかなかグラウンドに戻ろうともしなかった。道路にボールが飛び出しても許された時代だったので、とにかく私たちは〝どんどん出ていけ〟と心で願うのである。

また、弁当に入っているスポイトのようなミニサイズの醤油入れに水を満たし、タオルに包んでポケットに忍ばせたりもしていた。さらに、外野奥の植木に水を入れた栄養ドリンクを隠し、ボールを取りに行った隙にこっそりと飲む。当時の子供たちは、そうやって生きていくための知恵を付けていった。そんな実体験によって知恵を身に付ける環境が乏しい今の子供たちを、私は少々気の毒に思う。

うだる暑さのグラウンドに立っていると、ライトの奥にあるプールが砂漠のオアシスのように思えてくる。すでに〝時効〟だから言えることだが、当時は男子校だったので、先輩が帰るやいなや、私たち下級生は全裸でプールに飛び込んで生命力を取り戻していたのである。

しかし、練習中にこっそりと口にした水の美味さといったらない。たとえ少々の泥水でもいいからと、当時は飲んでいた。もちろん泥水を飲めば、口の中はザラザラになる。よく病気をしなかったなと思うが、むしろ練習を休めるなら〝このまま倒れないかな〟とすら思っていた。しかし、人はなかなか倒れないものである。

〝汽車通学〟をしていた私にとっては、国鉄のストライキが最高の〝恵み〟だった。汽車が動かないのだから、学校にも行けない。もちろん、汽車通学生は公休になる。前日ぐらいから「そろそろストが始まる」という話になり、早めに練習を切り上げさせてくれるのである。自転車通学の生徒には「お前たちはいいよな。俺たちは学校に行きたくても行けないんだから」と、心にもないことを言いながら、内心はガッツポーズをしていた。

中九州代表としての甲子園

しかし、上級生からの指導も含めた過酷な環境を乗り越え、最後まで野球部に残った選手たちの結束力は強い。先日まで野球部のOB会長を務めてくれた河田啓吾には、私もずいぶんと助けられた。彼は甲子園の後に高校の日本代表にも選ばれ、ひとつ年下の東海大相模・原辰徳（現・巨人監督）と二遊間を組んでいたほどの選手だ。高校時代は河田と互いを励まし合いながら、なんとか乗り切ることができた。そうしたチームメイトの助けもあり、高校3年夏には中九州大会を勝ち抜き甲子園出場を果たすことができたのだ。

私たちは新居浜商に1－3で敗れて初戦敗退に終わったが、テレビの中の世界だった場所に自分が立っていることが嬉しくもあり、なんとも不思議な感覚だった。試合はナイトゲームになったため、センターを守りながら〝プロ野球選手って、こんな中で試合をしているのか〟と感じたことも覚えている。試合には敗れたが、私自身は2番打者として2安打を放ち、意地を見せることができた。

甲子園の期間中、宿舎の部屋にクーラーがなかったため、大会自体の印象はとにかく「暑い」のひと言である。また、一番緊張したのは開会式の入場行進だった。当時は軍隊のような一糸乱れぬ規律正しい行進を、今以上に求められた。リハーサルから「しっかり足を上げて!」、「もっと手を振って!」と大声で注意されてばかりいた私は、まわりに足を合わせることで精いっぱいだった。

甲子園の本番もそうだが、甲子園の出場を決めた中九州大会の印象も強く残っている。すでに触れたように、私たちの頃は中九州大会で熊本県勢が負け続けていた。しかし、九州学院は初戦で緒方工に9－0で勝利し、代表決定戦では津久見に8－0という大勝を収めることができた。津久見といえばそれ以前に春夏の全国制覇を達成しているだけに、地域全体の野球熱が非常に高く、どこで試合をしても熱烈な大応援団が大挙押しかけてくるチームだ。しかも、この年の中九州大会は大分県開催だった。そんな津久見を九州学院は地元で圧倒したのだが、試合後には津久見を応援に来ていたファンの人たちに囲まれ「熊本、中九州の代表として頑張れよ!」とたくさんの激励を受け、後から知った話では結構な寄付もいただいていたらしい。

つまり、当時は熊本の代表でもあり、大分を含めた中九州代表としての甲子園だった。と考えれば、背負っていたものは小さくなかったのだが、当時の私たちにはそこまで考える余裕はなかった。ただ、それまでは遥か遠くにあったはずの甲子園が、身近に意識できる存在になったのは間違いない。というのも、同級生の河田が大会後に高校日本代表に選出されたからだ。私たちのような地方のチームからでも、甲子園のスター軍団に名を連ねる存在が現れるのかという驚き以上に、誇らしさを感じたものである。おそらく、代表に選ばれた彼自身は、喜びと不安が半々だっただろう。むしろ私の方が、本人よりも喜んでいたかもしれない。

そして、河田の代表入りは、私が指導者を志すきっかけにもなった。いずれは私自身が、河田のような日本代表選手を育て、甲子園に戻ってきたいと思ったのである。おそらく高校3年夏に甲子園を経験していなければ、私は野球を続けていなかっただろう。

日体大寮長時代に起こした劇的改革

高校を卒業した後は日本体育大へと進み、3年時には少しずつ試合にも使ってもらえるようになった。1学年上には中日でスカウト部長を務めてこられた中田宗男さんがいた。中田さんは私が入学した年に、春秋と2季連続でリーグベストナインに輝くほどの凄いピッチャーだった。ひとつ下には法政二からやってきた佐相眞澄がいた。佐相はバッティング能力が頭ひとつ抜けていた。彼らの代は、ヤクルトで活躍したサイド右腕の宮本賢治を擁する亜大に勝ち、神宮大会で優勝している。佐相は肩の故障がなければ、選手として大成していたと思うが、現在は高校野球の監督として県立相模原を指揮。強豪ひしめく神奈川県で、私学勢に一歩も引けを取らない「打のチーム」を毎年のように作っている。

大学時代は選手だけでなく、寮長という大役も仰せつかった。とくに寮長の経験は大きかったと感じる。そもそも私は、リーダーシップを取るのが苦手なタイプの人間だった。高校時代も主将ではなかったし、人の上に立つということに興味もなかった。「誰かがやればいいじゃない」と思っていたが、大学で寮長をやらせてもらったことで心境に変化が起きたのだ。

その時に私が始めたのが、上級生による寮のトイレ掃除である。選手だろうが学生コーチだろうが、控え部員だろうが関係ない。「嫌かもしれないけど、週に1回ぐらいだったら3、4年生がやってもいいだろう」と言って、私自らが先頭に立ってトイレ掃除を行なった。なんといっても4年生を頂点とする絶対的な上下関係が根強く残っていたので、中には不満に感じた者もいただろうが、私は決して「そんなことは下級生にやらせとけよ」とは言わせなかった。ただひと言「やるから」と言って強行したのだ。やる気のない返事をする者には「なんだ、その返事は。ビシッとせい！」と叱りつけたこともある。高校時代から、もともと下級生をこき使うのが好きではなかった私にとっては、ごく当たり前の行動だと思っていた。それに、寮生は全員が同じだけの寮費を払っているのだ。そういった思いが、当時から現在に至るまで、私の中には絶えず存在している。

のちに九州学院で監督となってからも、グラウンド整備を全学年で行なうなど学年間の理不尽な壁を取っ払っていったが、その源流は私の日体大時代にあると言っていい。

私が大学1年生の時、何に一番幸せを感じていたかといえば、すべての仕事が終わって布団に入った瞬間だ。〝やった。これでやっと寝られる〟と思った時が、もっとも幸せだった。ところが〝やっと寝られる〟と思って眠りに落ちようかという時に、電話が「ジリリリリーン！」と鳴ると、下級生が一斉に飛び起きて、ワーッと電話に向かって走っていくのである。

そういった上下関係も、今振り返ってみれば面白かった思い出ではある。そして、私たちはそういうキツい思いを経験しているからこそ、やっていいことといけないことを理解しているつもりだ。

たとえば、Aという出来事があったとしよう。それはどこまでが許され、どこからが許されないことなのか。あるいは、なぜやってはいけないのか。そもそも理不尽とは何なのか。そうした判断基準を身に付ける機会が、現代社会では希薄になっているような気がしてならない。

ちなみに大人気のタレント、ジミー大西君が「坂井先生は僕が大商大堺時代に教育実習で来られていた恩師」と各所で言ってくれているが、実際は大学の先輩が指導者をしていた大商大堺で、短期の学生コーチとして練習のお手伝いをしていたに過ぎず、決して教育実習生ではなかった。この場を借りて、あらためてジミーちゃんの誤解を解いておきたい。

「銚子商」という未知の世界

大学を卒業した私は、千葉県の銚子商に3年間勤務し、部長兼コーチとして野球部に入った。ちょうど銚子商でコーチをしておられた岩井美樹さん（現・国際武道大監督）が東海大に戻られるということで、後釜を探していたタイミングだった。そんな時、大学の監督さんから「お前が行ってこい」と言われ、体育科教諭として採用されたというわけだ。

銚子商といえば春夏通算20回の甲子園出場を誇り、夏に優勝1回、準優勝1回。春も準優勝1回と、まさに昭和の関東地区を代表する強豪である。銚子商で2年春夏の甲子園に出場した、元巨人の篠塚利夫（和典）は私と同学年で、1級上には高卒で中日ドラフト1位の土屋正勝さんがおられた。また、1学年下には中日でホームラン王にも輝いた宇野勝。そして、土屋さんがエースで篠塚が2年生レギュラーで出ていた1974年夏に、甲子園で優勝している。私も出場した翌年の1975年夏は、小川淳司（現・ヤクルトGM）がエースの習志野が優勝しているから、まさに千葉県勢の黄金期といってもいいだろう。そういうもっとも熱い時代を同世代として見ていただけに、私にとっての銚子商はいつもテレビで見ていた〝レジェンド中のレジェンド〟だった。

東京から普通電車に乗り、初めて向かった銚子があまりに遠く、途方に暮れたことを覚えている。もちろん、房総半島も初めてだった。途中から行商のおばさんたちがどんどん乗り込んできて、電車はどんどん山の中に入っていく。ようやく海が目に飛び込んでくると、そこが銚子の町だった。初めて降り立った銚子の町は、醤油の匂いに満ちていた。そして、道も線路も、太平洋に突き出た銚子より先には繋がっていない。つまり、私の中では本当の〝陸の果て〟だった。もう、逃げ場なんてどこにもないと思った。大学を卒業したら九州に戻りたいと思っていたのに、逆に九州から遠ざかってしまったのである。

ところが、実際に指導を始めてみると、むしろ〝銚子商はどんな野球をするのだろう〟という興味の方が強くなっていった。私の性格上、いったん心が固まってしまえば、目の前の環境が私にとって一番の場所になる。甲子園ですでに強豪校の地位にある学校で指導することへのプレッシャーも、いっさいなかった。

監督は春夏11回の甲子園出場で優勝1回、準優勝1回。通算23勝を挙げられた名将の斉藤一之監督である。中央大を卒業後、銚子一中で指導者生活をスタートした斉藤監督は、一中時代の実績を見込まれ、地元市民によって銚子商監督に推薦された人物だ。ところが、教員免許を持っていなかったため、法大の通信教育部で高校の教員免許を取得。１９６２

年に晴れて監督となると、3年後には夏の甲子園で準優勝を果たしている。ちなみに、その年の決勝で敗れたのが、原貢監督率いる三池工だった。前述の土屋さん、篠塚らで優勝した1974年夏も、もちろん斉藤監督が指揮を執られていた。

〝甲子園で優勝するような学校には、どんな子たちが入ってくるのかな〟と思って行ってみると、実際は九州の子たちと変わりはなかった。当然のことだが、同じ高校生なのである。ただし、同じだったはずの高校生が、斉藤先生による基礎中心の指導によって、どんどん伸びていくのだ。斉藤先生の野球は「守り中心」で、とにかくピッチャーは点をやらないことを基本に指導しておられた。実際に最初に言われたのは「僕の野球はノーヒットで勝つ野球。エラーや四球で出て、走って、送って、外野フライやスクイズで1点を取り、それを守り切る野球だから」ということだった。練習も守備練習に割く時間が多かった。

一方で、下半身強化への取り組みは凄かった。銚子商が町の郊外にあるので、坂道を使ったランや自転車メニューで徹底的に下半身を鍛えるのである。いずれも、当時の九州学院ではやっていなかった練習ばかりだった。

やがて、高校野球は金属バットの普及も手伝って、蔦文也監督の池田やPL学園に代表される攻撃野球へと変貌を遂げていき、その後は横浜の松坂大輔あたりから、絶対的なピッチャーの柱に攻撃を絡めたバランス性の高い野球へと変わっていった。しかし、それ以前にあった「守り勝つ野球」の時代を築いたのは、間違いなく斉藤先生の銚子商や習志野だったと思う。

よそ者と〝市民総監督〟

指導者として臨んだ初めての公式戦が春の大会で、2回戦で銚子商は習志野と対戦した。当時の千葉県は7、8球場で大会を行なっていたが、私たちの試合はいきなり一番大きなメイン球場に変更となった。強豪校同士の対決とあって球場が超満員に膨れ上がり、地方の小さな球場ではパンクしてしまうからである。そういうことが、当たり前のように行なわれていた時代だ。試合が始まる前からスタンドは野次合戦。そして、その試合には銚子商が僅差で敗れた。すると、試合後に高野連の方が「銚子商はそのままベンチで待機してください」と駆け寄ってきた。理由を聞くと「銚子商のファンのみなさんが外で暴れています」と言うのである。そんなことは、熊本では考えられないことだ。熊本でも熊本工や九州学院のような伝統校が試合をすると、それに似た雰囲気にはなる。しかし、当時の銚子商・習志野戦の比ではない。熊本に帰ってきた時には「すごく楽だな」と感じたほどだ。

漁師町の銚子は、気性の激しい地域でもあった。〝たかが野球で大人がこんなにムキになるのか〟と思ったこともある。私自身にも「お前みたいな〝よそ者〟がいるから負けるんだ」といった野次が、しょっちゅう飛んできた。逆に県で優勝すれば、外で食事をしていても知らない人からビールがどんどんと振る舞われる。それぐらい狂信的な〝市民総監督〟のような町だった。

禁漁時期の夕方になると、グラウンドにはファンのおじさんたちがたくさん詰めかけてきた。午前中にパチンコで負けた後に家で一杯引っかけてくるものだから、それはもう大変である。中には酔っ払ってグラウンドにまで入ってくる人がいたので「入ってこられては困ります」と言いながら外に追い出すのが私の仕事だった。練習試合にも、そういう人たちがたくさん応援に来ているものだから、保護者の人たちは細々と隅っこに追いやられていた。ミスをした子の親に向かって「なんだ！　お前のとこの子は！」と言われるのが嫌だから、保護者はひっそりと佇んで存在を消してしまうのだ。そして銚子商が負けていると頭に来て、相手側の観覧席に回って「こいつはカーブが打てないぞ」とか「インコースに投げておけば大丈夫だ！」とか、銚子商打線の情報を大声で叫び出す始末。まさに贔屓の引き倒しである。

そういう地域だけに、野球部員も活きが良かった。私も大学を卒業したばかりで若く、生徒との年齢も近かったので喧嘩ばかりしていた。私の指導歴の中でも、おそらく最高出力で声を張り上げていた時期ではないだろうか。

とにかくあの頃は、今振り返っても野球しかやっていなかった。現役時代は天の恵みとさえ思っていたストライキが起きて学校が休みになっても、練習を休むことはなかった。それだけ本気だったのだと思う。私が住んでいたアパートの大家さんが後援会の方だったので、生徒を隣の部屋に泊めて、朝一緒にバッティング練習をしたこともある。保護者の方に「おたくのお子さんをちょっと借りますよ」と言っても「ああ、もうどうぞ。お願いします」と、人間関係も非常に快活だった。

銚子で学んだ「本気を伝える叱り方」

生徒からもいろいろ学ばせてもらった。とくに「生徒を叱る時は、こちらが冷静でなければならない」ということは、あの時代に体得したものだ。現在も生徒を叱る時には、あえて敬語や標準語を使うようにしている。語気を強めてしまうと、感情が先走ってしまうが、標準語で叱ることでこちらの冷静さを保つことができるし、ひとつひとつを噛み砕いて考えながら言葉に変換することができるのである。

「いいですか。今から君たちに話があります」と言うことで、生徒は身構えてこちらの言葉を正面から受け止めようとする。こちらが考えて「今日のあれは、いったいどういうことですか?」と言うと、生徒も〝あ、先生は本気で怒っている〟と気づいてくれるのだ。「馬鹿が、ボケが!」と言ってしまうと、生徒に反撃欲ばかりが芽生えてしまい、こちらが本当に伝えたいことが霞んでしまうのだ。普段は方言交じりの多少乱暴な言葉づかいでジョークを飛ばしていても、突然標準語になることで〝本気度〟が違ってくるのである。

子供たちは愛情をかけてやれば、どんなことでも一生懸命になって取り組む。ただ「真面目にやれ」と言っていればいいわけではない。本気でこちらのメッセージを納得させて、実践させて、彼らがそれを修得した時には、明らかに子供たちが強くなっているだろう。そこまでくれば、大学に行っても社会人に行っても、やっていけるだけの自信が備わっているに違いない。斉藤先生は「怒るのはいいけど、怪我をさせてはいけない」と仰った。手は出さなくとも、言葉で子供を怪我させてしまうこともある。それは40年以上が経った今でも肝に銘じていることだ。

結局〝子供たちの方が俺より能力は高いんだ〟と思うことである。16歳なら16歳、17歳なら17歳、18歳なら18歳の子供たちを、認めるところは認めてあげないといけない。〝俺にはこんなことはできなかったけどな〟と思って認めてあげれば、子供たちは変わっていくのだ。そういう部分も、銚子で葛藤を続けながら学んだことである。

指導者のエゴで「俺の言う通りにしておけ」というやり方も時には必要かもしれない。しかし、ただの言う通りではなく「自分でもアレンジしないといけないよ」と言えた時に、初めて指導者と生徒が同じ方向を向いていると言えるのではないだろうか。やり方は違っても、辿り着くところは一緒なのだ。

銚子商には3年間のみの在籍だったが、本当に勉強になることばかりだった。当時の生徒とは、いろいろとぶつかり合うことも多かったが、彼らとの付き合いは今でも続いている。２０２３年春には彼らの還暦を祝う会にも招待されているから、あらためて当時の思い出話に花を咲かせてみたい。また、私に野球の指導者としての様々なノウハウを授けてくださった斉藤監督は、言うまでもなく私が尊敬してやまない大恩人のひとりだ。九州学院でマネジャーを務めた私の長男・宏一の「一」の字は、斉藤先生のお名前から頂戴したものである。

他競技にあって野球にないもの

1983年には熊本に戻り、九州学院での教員生活がスタートした。1年後には野球部に復帰し、そこから3年間監督を務めさせてもらった。その後は学校人事で他の運動部を渡り歩くことになる。

まずはバドミントン部に配属された。熊本県は王国と言っていいほどバドミントンが盛んで、私が携わっていた頃も、九州学院を含めた4校の中から常に日本一の選手が生まれていた。とくに熊本中央高校で日本一の選手を多く育てられた工藤勇参監督との出会いは、非常に大きかったと感じている。その後は空手道部で部長を6年間務めたが、ここでも熊本には全国トップクラスの選手が揃っていた。また、外部指導者として来ていただいていた牛嶋弘先生や三原悟さんからは、礼節や謙虚さを学ばせていただいた。

中学校の柔道部で〝手伝い顧問〟をしていた時代には、九州大会で優勝して全国でも3位になった。九州大会は宮崎大宮中の井上康生選手が個人で優勝し、団体は九州学院が優勝。とにかく、井上選手は強かった。中学生だが所作もしっかりしており、生意気そうなところは微塵もない。凄く立派な〝普通の中学生〟だった。柔道は専門外の私だが〝この子は絶対に天下を獲る選手だな〟と思って見ていた。全国大会で目の当たりにした鈴木桂治選手も同様だ。彼らは案の定、オリンピックで金メダリストになり、柔道を極めている。

そうやっていろんなクラブを回ってきたことが、指導者・坂井宏安にとっての大きな財産になっている。国内トップの競技者たちに触れることが、凄くいい勉強になったからだ。もちろん、それぞれの競技は私にとって専門外なので勉強もしたが、技術よりも態度や所作を指導するのが仕事だと思って接していた。好結果については、各クラブとも生徒が強かったに過ぎない。

また、マネジメントの部分で学んだことも多い。たとえ専門外だったとしても「誰か指導ができる卒業生はいないのか」と考え、もっと優れた先生を見つけてくればいいのである。書道部であれば、添削ができる人を見つけて現場の指導をお任せし、こちらは「もう少し紙を安く仕入れる方法はないか」、「もうちょっと良い墨を手に入れるにはどうすればよいか」と、マネジメントの部分で考えることはいくらでもできるはずだ。また、そういう一面こそが、顧問本来の仕事なのである。

「指導者がすべてできなければいけない」と思い込んでいるから、ネガティブなことばかりを考えて自分を追い込んでしまうのだ。そもそも明大野球部の〝御大〟島岡吉郎さんも、野球経験がない中であれだけの実績を残されているではないか。同じように、高校野球の監督を専門外の人がやっても面白いかもしれない。視点がまったく変わるのだから、野球ばかりやってきた人間では思いつかない発想に至ることもあるだろう。

したがって「俺は野球しかできない。野球がすべてなんだ」、「サッカーがすべてだ」、「柔道だけでいい」という考え方は、ちょっと寂しい。たとえ専門外だったとしても、与えられた場所でやりきる。自分が今いる場所こそがベストだと考えればいいのだ。私自身、銚子に行った時も「銚子こそが一番」と思ってやっていたし、バドミントンや空手などいろんな運動部にいた時も「ここが一番」と思ってやってきた。もちろんバドミントンをやりながら「野球に戻りたい」と思ったことは一度もない。そんなことを考えていたとしたら、目の前にいる子供たちに失礼だ。〝本心は野球をやりたいんだ〟という姿勢で臨んでいたら、おそらく子供たちにも見透かされてしまうだろう。もちろん野球をやっている間は野球が一番だと思ってやってきた。とにかく、どういう場所にいようと、目の前にいる、預かった子供たちが一番だと思っているかどうかが重要なのだ。

そして各競技の指導者のみなさんも、第一はもちろん自分の学校であることに違いはない。しかし、次には「熊本県」のことを考えていた。野球は自分の学校のことだけしか考えない指導者がほとんどだろう。「この選手がウチに来れば、よその戦力を削ぐことになる」という考え方の監督さんは、県全体のことなどまるで考えていない。他競技は国体を意識しているぶん、県全体のレベルアップを考えている。野球にそうした体質がないのは非常に残念で、もったいなくも感じている。

甲子園に存在する「3つの感動」

1995年、私は野球部の監督に復帰した。その年の夏は決勝で敗れたものの、この年にピッチャー兼内野手として活躍した今村文昭が、ドラフト1位でオリックスに指名を受けてプロ入りを果たした。

監督としての甲子園初出場は、吉本亮、高山久という学年を超えた右のツインバズーカを擁した1998年夏。松坂世代によるフィーバーが巻き起こった大会で、9‐10の初戦敗退に終わったが、吉本の2発を含む計3本塁打で平塚学園と打ち合った試合に、スタンドのファンから大きな拍手をいただくことができた。

私自身、選手時代とは違って冷静に状況を観察できる余裕があった。また、手塩にかけて育ててきた生徒たちが「熊本県代表、九州学院」のコールに続いて入場してくる光景に、思わず目頭が熱くなったことを鮮明に覚えている。その年を含めて甲子園には10回行かせていただいたが、甲子園の入場行進は何度見てもいいものだ。心の中では〝よく頑張った！　よくここまで辿り着いたな〟と生徒たちに最大限の拍手を送っている。彼ら生徒に対して、心から労いの気持ちを贈ることができる唯一の空間が、あの入場行進なのかもしれない。

九州学院は、この年から3年連続で夏の甲子園に出場した。県勢の夏3連覇は史上初の出来事だったらしい。その間、高校通算66発の吉本がダイエーに、同じく通算43発の高山が西武に、それぞれドラフト1位で指名されてプロ野球選手となった。

初出場時のインパクトからか「九学」の名はいつしか全国に知れ渡るようになり、同時に強打線のイメージも先行していった。10回出場した甲子園のうち、平塚学園をはじめ国学院栃木、東海大相模、国学院久我山など関東勢との対戦が多く、出場するたびに吉本や高山、大塚尚仁（元楽天など）、溝脇隼人（中日）、村上宗隆らプロ注目選手が在籍していたことも、我々にたくさんのスポットが向けられるきっかけとなったのだろう。

監督として出場する甲子園で痛感するのは、甲子園には3つの感動、ハイライトがあるということだ。ひとつは入場行進、ひとつは自分たちの試合。そしてもうひとつは、抽選会である。甲子園の抽選は全出場校によるフリー抽選なので、1回戦から優勝候補同士がぶつかるということも珍しくはないし、優勝経験のある常連と初出場の学校が対戦する可能性もある。だから、甲子園は1回戦がとてつもなく面白いのである。

また、甲子園のファンは、選手たちの乗せ方が非常に上手だと思う。チーム本来の力以上のものを引き出してしまうのは、判官贔屓なファンの存在だ。それを「魔物」と言う人たちもいる。これが番狂わせを引き起こす、ひとつの要因でもあるのだろう。

熊工がいたから九学は輝いた

きっと全国には「熊本県の高校野球といえば熊工だ」というファンがたくさんいるはずである。それもそのはずだ。１９３２年夏の初出場以降、春21回、夏22回と県内では他の追随を許さぬ圧倒的な甲子園出場回数を誇り、夏に準優勝3回、甲子園通算46勝、九州大会出場59回はいずれも九州地区では最多記録だ。

プロ野球にも九州では最多の60人超の選手を輩出しているが、その顔ぶれも凄まじい。打撃の神様で巨人Ｖ９時代の監督でもあった川上哲治さんや、広島で活躍した前田智徳、中日で守備の名手としても鳴らした荒木雅博が２０００本安打をクリア。また、川上さんや西武黄金時代の正捕手で監督としても活躍された伊東勤さんをはじめ、4人が野球殿堂入りを果たしている。

私がどれだけ頑張ったところで、熊工の伝統には一生勝てない。しかし、熊工がいるから頑張れたのも事実だ。私が野球人であることを度外視して考えても、熊工は断トツで大きな存在である。我々のように他校で野球をやっているすべての者にとって、本当に大きすぎる山みたいな存在なのだ。

熊工と決勝戦をやる時は、本当に嬉しかった。熊本県内では最高の目標であり、最高の相手なのだから。他の学校とやる時以上に「負けたくない」という気持ちが計り知れないほど大きくなる。「熊工に勝って甲子園に出る」というのは、やはり格別なものがある。「熊工か、九学か」。実際に当事者としても、そのいずれかが勝って甲子園に出るという状況が、たまらなく面白かった。私自身もそうだったし、多くのファンが望んでいるのは、そういう決勝戦なのではないかと思う。宮城の仙台育英と東北、神奈川の東海大相模と横浜、大阪の大阪桐蔭と履正社、鹿児島の鹿児島実と樟南のように、2強の構図が明確になっている地域の高校野球はじつに盛り上がるのだ。

しかし、熊本は熊工だけではない。済々黌は県勢として唯一センバツで優勝している学校で、鎮西も甲子園で2回も4強入りを果たしている。そして、2014年から4シーズンは、パナソニックからやってきた鍛治舍巧監督（現・県岐阜商監督）の秀岳館が黄金時代を築き、甲子園で3季連続4強という離れ業をやってのけている。熊工の伝統だけでなく、濟々黌や鎮西、秀岳館が残してきた成績は認めなければいけない。それらはもう、消滅することのない不滅の実績なのだ。

鍛治舍さんが熊本にいた時代は、本当に面白かった。あの頃の秀岳館は、県内屈指どころか全国的なエリートが集まっているチームだった。そこに私たちのような地元産の子供たちが勝負を挑んでいくわけだから、図式としても最高に面白かったのだ。私たちのモチベーションも上がっていったし「あのチームに勝てば全国でも戦える」という指標にもなった。そのおかげで、当時の熊本県は、甲子園に出場できさえすれば充分に上が狙えるという状況にあったのだ。だから、九州学院のレベルも気づかないうちに大きく引き上げられていた。村上の在学中は、ほとんどの大会で秀岳館と決勝を戦った。なかなか勝利することはできなかったが、やはり壁は高ければ高いほどいいと思う。

鍛治舍さんも「よそ者だ」とか、いろんなことを言われて大変だったと思う。私も銚子時代にいろんなことを言われてきたので、鍛治舍さんの気持ちが分からないでもない。実際に秀岳館への心ない声を耳にしたこともあったが、私自身は彼らが強すぎていてくれたおかげで楽しかった。大阪桐蔭や東海大相模のように、全国トップクラスのチームがいきなり身近に現れたのである。そんなチームとの対戦を、私たちは避けて通ることはできなかった。まず、そういう状況を嫌だと思った時点で、とても全国上位のチームとは戦えないだろう。

第二章

親身

勝利者を育てた坂井流コーチング

「怒る」と「叱る」は絶対に必要

ここからは選手、生徒に対する私の指導スタンスを紹介しながら、その持論について述べていこうと思う。

私が大事にしている言葉に「親身」というものがある。親身という言葉を調べれば「血筋や結婚などによって繋がる近しい人々」であったり「思いやりを持って優しく接する」という意味だったりするようだが、私の言う「親身」とは、読んで字のごとく「親の身になる」ということである。校門の中では私たち教師が、グラウンドの中では私たち指導者が、生徒に対して最大限の面倒を見る責任がある。それも、親の身になって生徒たちのことを考えなければならない。

親の身になれば、何事も本音で物が言えるはずだ。これは親が子にかける愛情と同じなのだから、単なる「優しさ」ではない。「痛いのに何を我慢しているんだよ。それは根性とかいう問題じゃないぞ。これ以上我慢していたら、復帰まで1週間。今休んでおけば2日で復帰できるじゃないか」。そういうことを言ってあげられるのも「親身」だからこそ。

親の身になるからこそ言えることがあるし、言わなければいけないこともあるのだ。

そして「怒る」と「叱る」を使い分ける必要がある。「怒る」というのは、絶対にやってはいけないことを教える〝打ち消し〟の指導であって「叱る」というのは自分の言葉や指導によってその子を変えてあげる、蘇らせてあげるための指導である。この「怒る」と「叱る」は絶対に必要である。これがなければ、怒られたり叱られたりした経験のない子供たちが大人になり、加減を知らないまま次世代を育てていくことになる。教わっていないことを教えるのは、非常に危険だと思う。

実際のところ、生徒に対しての指導はほとんどが「叱る」なのだ。怒る時は、よほどあってはならない態度を取った場合のみ。もし、そういう態度を取る生徒が我が子であれば、親として必ず怒るはずである。仮に我が子がいじめっ子だったとして「ウチの子はカッコいいだろう」などと、馬鹿なことを言う親はいないだろう。「そういうことは、絶対にしてはいけない」と怒るのが親の務めであるはずだ。野球部の中では、レギュラーだろうがメンバー外だろうが、立場はいっさい関係ない。〝まぁいいや、こいつは俺には関係ないから〟といって怒りも叱りもしないなど、絶対にあってはならない。

私は生徒の顔を見なくても、挨拶する声で〝これは誰だ〟とすぐに分かる。グラウンドでもみんなが挨拶してくれるが、それだけで誰が不在なのかもすぐに分かってしまう。もちろん学校でも朝一番で生徒の表情を確認するし、それで何を考えているかがだいたい分かってしまうものだ。それも、親の身になって接しているからこそできることである。教育者、指導者は、この「親身」というものを忘れてはならないと私は考える。

15歳の子供を騙してはいけない

まえがきでも触れたように、九州学院は特待生に頼らないシステムのため、入学を希望する生徒は基本的に大学進学を見据えた者が多い。野球部にしても「九学で甲子園を目指し、その後は進学したい」という生徒がほとんどである。また、お子さんを預けてくださる保護者のみなさんも、同じ思いを持った方が多い。

私は吉本の時も高山の時も、もちろん村上の時も、入学前から「君のことは入学してすぐにでも使うから」とは言ったことがない。彼らの力は突出していたので、1年からレギュラーになる可能性は充分にあったし、結果的にもそうなった。しかし、レギュラーは監督が用意するものではなく、自分の力で摑むものである。

まだ高校でワンプレーも行なっていない中学生に対して、ましてや私は中学時代のプレーをほぼ見ていないのに「君はプロに送るから」とか「関東の大学に出すから」と言うこと自体が無責任だ。大の大人が15歳の子を騙して獲るようなことは、恥ずべき行為であり、絶対にやってはいけないことだ。たまに冗談で「国公立を目指せ。勉強で、だぞ」と言うことはあるが……(笑)。

仮に「最終的にはベンチに入れてやる」という言葉を信じて入学し、3年間やり抜いた結果、それだけの力に達することができなかった者がいたとしよう。しかし、無責任な口約束のために、その子をベンチ入りメンバーに選んだとしても、その子はきっと周囲の冷ややかな視線に晒され、ハッピーな高校野球の引退を迎えることはできないだろう。

私がそういうスタンスでいたため、九州学院は都市部の強豪校のように、最初からとびきりの〝高級素材〟が入ってくるわけではなかった。私は生徒たちを鼓舞する時に「九学は鉄の球だ」と言っていた。

「金でも銀でもない。ただの鉄の球だ。だけど、鉄は毎日磨いていたら鏡のように光り輝く。金は磨かなくても金のままだけど、鉄は磨き続けないと錆びてしまう。そして毎日磨いていたら、何よりもまばゆい光を放つんだ」

そうやって、天然素材の子供たちを甲子園でも戦えるだけの選手に叩き上げてきたのだ。

そういう意味では、村上宗隆もまだまだ鉄の球である。おそらく村上自身も〝練習しないと怖いから〟と自らに言い聞かせ、常に〝前に、少しでも前に〟との思いでいるはずだ。村上は、自己を高めるための研鑽を惜しまない「努力の天才」で、野球のためならそれだけの努力をやり通せるほど、根っからの野球好きな男である。

村上のようにプロに進む者もいれば、そうではない者もいる。むしろその比率は、後者が圧倒的多数を占めている。プロでやっていけるほどの将来性を感じたら、プロ志望届を提出させるのもいい。一方で、プロ志望であってもドラフトにかからない者や、最初から進学した方が将来のためになるという大多数の生徒のためには、大学や社会人といったベストの進路を提示していく必要がある。そこの判断をしてあげるのは、私たち指導者の重要な責任である。

きっと私自身にもっと名誉欲があり〝誰も彼もプロだ〟という考え方だったら、プロへと進んだ教え子はもっと増えていたはずだ。でも、私の仕事はプロ野球選手を作ることではない。高校野球の監督も、教員の仕事も、すべては私のためにやっているわけではなく、あくまで優先すべきは子供の将来だと思って取り組んできた。九州学院での40年間、私はそれぞれの生徒に見合った進路を作ってあげたつもりでいる。プロや社会人で野球を続けている者だけでなく、全国各地で立派に成人して頑張っている教え子たちがたくさんいる。彼らを見ていると、生徒の進路に関する見極めは、それなりに結果を出してきたと胸を張って言えるのではないか。

野球はメリハリのある個人競技だ

ここであらためて野球という競技の特性を再確認しておきたい。野球はチームプレーを前提とする団体競技ではあるが、実際のところは個の集合体だと思っている。ピッチャーだけを見ても、右のピッチャー、左のピッチャー、ワンポイントリリーフやクローザー、ストレートが得意な者もいれば変化球が得意な者もいる。野手には長打を打つ者がいれば、出塁してチャンスを作る役割を担う者もいる。バントなど小技を得意とする者がいて、足のスペシャリストもいる。守備でもキャッチャーがいて、セカンドがいて、外野がいて……。このように、すべてに別々の役割があり、選手それぞれが自らの特徴を活かした〝個人技〟を備えているのだ。そうした個のレベルを練習で高めていき、それらを集めてゲームで戦うのである。そして、そういった様々なピースを繋ぎ合わせるために、監督が存在しているということを忘れてはいけない。

ラグビーも一緒で、フォワードがいて、スクラムハーフがいて、バックスがいる。キッカーもいるし、それぞれがポジションごとの役割を任されているのだ。そして、部門ごとに個人練習をして、それをひとつにまとめて試合に臨む。選手それぞれが各自の持ち場で力を発揮し、それらのすべてが嚙み合った時に勝利へと繋がっていくのである。ところが、野球の場合はいくつものポジションに分かれているのに、全選手に対して同じ練習をさせようとする。本来、ピッチャーとホームランバッターでは、取り組まなければいけない練習はまったく別物のはずである。

そして、野球はメリハリのあるスポーツだ。前半、後半、または第1クォーターから第4クォーターに時間を区分されたスポーツではない。野球はもっと複雑で、回の表裏が9回繰り返されるのだから、18コマに分かれているのである。その間にも、スイッチのオンとオフが何百回と繰り返されている。攻守が9回入れ替わるたびにスイッチは切り替わるし、ピッチャーが投げるたびにスイッチが入り、投球がキャッチャーミットに収まればスイッチは切れる。それが1試合の中で120球、さらにそこから一死、二死と細分化されるのだから、じつに細かいオンとオフを繰り返すスポーツなのである。

練習とは試合に備えて行なうものなのだから、そういう試合の中にあるメリハリを日頃から体に染み込ませておかねばならない。私が練習中に「ハイ、集まれ！」と頻繁に集合をかけ「よし、行け！」と離散を繰り返しているのは、そういった理由がある。こうやって、練習の中に試合のオンとオフを組み入れていくのだ。

このスイッチのオンとオフは、力の入れどころ、抜きどころという呼吸にも通ずるところがある。ピッチャーであれば大事な時ほど力が入ってボールが高めに抜けてしまうし、バッターは力が入りすぎるから打ち損じてしまう。逆に抜いている状態から一気に力を解き放つ方が、結果は良いはずである。それは練習でも同じで、抜くから入る。ずっとスイッチを入れっぱなしでやっていたら、放電するように自然と力が抜けてしまうに決まっている。水に溺れた時には、浮き上がろうとするから沈んでいく。力を入れれば入れるほど、やりたいこととは逆のことが起きるのだ。これもメリハリに通ずる大事なポイントである。

また、バレーボール、サッカー、テニス、ハンドボール、ラグビー、バスケットボールといった球技のほとんどが、ボールがリングに入る、ゴールに入る、コートに落ちて得点となる。しかし、野球は人が得点になる競技である。ボールがホームベースを通過しても得点になるわけではなく、あくまで人間がホームインしないと得点にはならない。得点するために、一塁に出たランナーを二塁、三塁、そして本塁へと進めなければならない。人をいかに動かし、先へと進めるか。そこに詰まったゲームとしての面白さを、今一度思い出してみてほしい。

「心身の健康と安全」を維持するための部活動

部活動には様々ある。運動部である野球部本来の目的は、体を強くし、健康を維持することにあると私は考える。もちろんそれは野球だけでなく、サッカー、柔道、水泳など、すべての運動部に言えることだ。

野球というスポーツは、常に進化を続けている。ピッチャーの球速はどんどん上がっており、当然ピッチャーにかかる負担も大きくなってきた。大船渡高時代の佐々木朗希君（千葉ロッテ）のように、ストップをかけながら使っていくのも正しい選択だと思う。150球を投げる体力がない高校生に、150球投げろと言う方に無理があるのだ。

ピッチャーのレベルが上がれば、比例してバッターのレベルも上昇する。道具やトレーニングの進化もあり、高校生であっても140キロ台のストレートを打ち返すのは珍しいことではなくなってきた。したがって、ピッチャーは速い球を投げていればいいわけではない。自分のところに飛んでくるピッチャー返しの打球に反応できるよう、準備していなければならない。〝防御する〟ということが第一で、速い球や変化球を投げるというのは二の次である。つまり、指導者は生徒の体を守るという前提を忘れてはいけない。

大事になってくるのが「ウォーミングアップ」である。最近の高校野球は、どこの学校もアップメニューのレベルが上がっていると思う。しかし、野球選手が本当に伸ばさなければいけない体の部位を伸ばしていないものも、じつは多いと感じている。間違ったアップは、どれだけやっても意味がない。そしてアップは、終わったらアンダーシャツを交換するぐらい汗をかくまでやらないと効果がないと思う。

昨年の日本シリーズを観に行った時、選手たちはトレーナーの指示に従ってウォーミングアップを行なっていたが、ベテランも新人もみんなが一生懸命やっていた。とくに伸ばすところを目一杯伸ばし、汗びっしょりになるまで走っていたのはベテランの方だ。また、ベテランの方が上手にウォーミングアップをしているなという印象も受けた。ベテランが目一杯やっていれば、下の選手たちが手を抜くわけにはいかない。そして、それよりさらに若い選手たちは、もっと一生懸命になる。さすがにヤクルトもオリックスも、リーグ連覇をしているだけあって、そういう好循環の中にあると感じた。

昔は「いいよ。俺は、アップは適当で」と言うベテランがいたかもしれないが、今は意識の部分で大きく進化しているようだ。それはメジャー経験者の影響が大きいと思う。ヤクルトでいえば青木宣親選手のような存在が、各チームに増えてきた。結局、それだけの意識で自分の体と向き合わないと、選手として長続きはしない。プロの一流でもそれぐらいやっているのだから、アマチュアの高校生はもっとウォーミングアップのやり方を考えていかないといけない。

このように「安全」の基本は健康管理にある。甲子園に行けば、夕食の後に「夜食を摂るな。胃は空っぽにしておけよ。そして朝飯をしっかり食べような」と言っている。食事は3度、決まった時間に食べる。途中、間食ばかりしていれば、胃が休まる時間はない。ただでさえ、夏は冷たい物ばかり飲んでいるのだ。夏の大会中に熱中症でバテてしまうのは、胃腸が弱って基礎体力が低下しているからである。だから、夜食で胃もたれを起こすようなものを摂取してはいけない。下痢を起こせば体の水分が失われてしまうのだから、ベストコンディションで試合に臨むなど、到底望めはしない。

泣くことが許される唯一の場所

大事なのは体の鍛錬だけではない。野球に取り組みながら、時には挫折することもあるだろう。そんな時に〝ひがみ根性〟を抱いたり、人のせいにしたりしてはいけない。苦しみの中で物事をネガティブに考えることがないように、心を鍛えて健康な精神状態を維持できるよう努めるべきだ。

私の人生には、いくつもの難儀があった。しかし、苦労はしたことがない。難儀を苦労と思わないようにしていたからだ。思い悩んで病んでしまう人は、私と違って真面目な人なのだと思う。私はそういう難しいことをスルーしてしまうところがあるから、常にポジティブな気持ちで前へ、先へと進むことができた。

実際にこの世界にいると、負けがほとんどである。勝負に負けた時は、顔では笑っていても言葉に言い表せないほど悔しい。ただ、そういうことを苦労というのなら、最初から違う道に進んだ方がいい。スポーツには、そんな苦い経験を味わうためにやっているという側面もある。また、苦しみを味わうから喜びは何倍にも膨れ上がるのだ。

社会人になれば、常に競争に晒されている。しかし、教育課程において「戦うことは良くないこと」と言ってしまったら、日本人は敗者の集まりになってしまうだろう。だから、スポーツでまずは体を鍛え、心を鍛える。その第一目的が達成された時に、初めて勝負に向かうことができるのではないか。挫折を怖がるうちは、まだまだ勝負できる段階に達していないと考えた方がいい。

また、スポーツをやっていると、自らの情けなさや勝負に負けた悔しさで涙を流す場面が多々ある。高校野球の場合、夏の大会で敗退した選手が、グラウンドに倒れ込んで泣いているシーンは美しい光景として捉えられがちである。ただ、球場で泣くのは違うのではないかと私は考えるのだ。

私は試合に負けた後、選手たちに「球場では泣くな。九学のグラウンドに帰って泣け」と言っている。涙は自分たちが毎日練習してきたグラウンドで流すものなのだ、と。子供たちは試合で泣くことがないように、毎日の練習できつい思いをして、涙を流している。自分たちのグラウンドとは、選手が唯一泣いてもいい場所で、唯一恥をかいていい場所、唯一みっともない姿を晒していい場所なのである。だから、泣き場所は県営球場ではないのだ。挫折した時に一番の心の拠り所となる場所が、どのチームにもある。それが自分たちのグラウンドなのだ、ということをあらためて強調しておきたい。

練習後10分で帰るチームを目指そう!

グラウンドの中には、様々な社会の縮図がある。上下関係もそのひとつ。日本人として生きていく以上、上下関係は絶対に必要なものである。しかし、過剰な上下関係は弊害も多く、様々な問題の種にもなりやすい。私が必要最小限のものだけを残し、理不尽な上下関係を排除していったのは、第二次監督となった1995年以降のことだ。

以前の九学野球部は、3年生が全員グラウンドを出たら2年生、2年生が全員出たら最後にようやく1年生が帰路につくというしきたりがあった。そんなことも、普通に考えればおかしな話だ。帰り支度が整った者から帰ればいいことだし、家が遠い者や電車通学をしている者は、なおさら先に帰った方がいい。そして、最後に施錠してグラウンドを出るのは、グラウンドから近い地元中学出身の子。それを監督や部長、コーチといった大人が見届けて解散する。そうすれば効率的で、トラブルも起きない。

グラウンド整備も、以前は1年生だけで行なっていたものを3学年で一斉に行なうようになった。試合に出ている選手だけがベンチに座って、出ていない控えの子らがグラウンド整備をするなど、こんな理不尽なことはない。一般の会社でも一緒ではないか。一番働き盛りの人たちが仕事をせず、新入社員ばかりに働かせているような組織では、業績が上がるはずもない。仕事のやり方すら知らない新入社員は、上司からただ「あせぇ、こうせぇ」と言われても、どうすることもできず途方に暮れるしかないだろう。

それなら、チームに一番長く在籍している3年生がやった方が早いに決まっている。とくに試合に出ている選手は、自分たちが一番グラウンドを使っているのだ。だったら、そういう者が率先してグラウンド整備をするのは当たり前のことである。

また、野球部の目標は甲子園で「野球をやるからには日本一を」という夢がある。であれば、まずは何かの分野で熊本一になっておきたい。そこで考えたのが、ここで述べた帰宅ルールとグラウンド整備の健全化だった。そして、これらを徹底することで理不尽な上下関係の解消にも繋がったのだから、取り組みは正解だったと言っていい。

こうして掲げた目標が、じつに九州学院らしいと評判になった。それは「練習が終わったら、日本一早く帰るチームになろう」というものである。以前は1年生だけで30分かかっていたグラウンド整備も、2学年で行なえば20分、3学年で行なえば10分に短縮される。そこで、練習後10分で帰宅するチームを目指したのだ。私だって、練習が終われば早く帰りたいのである。

これと同時に打ち立てた目標が「交通ルールにおいて熊本で一番になる」というものだった。九州学院の野球部員は、学校からグラウンド、グラウンドから自宅と基本的には自転車で移動している。そこで、練習終わりには自転車で一列になって帰宅するなど、いろいろと着手した。また、自転車で帰宅する生徒たちに蛍光色のタスキをかけたのは、九州学院が最初である。とくに冬は黒を基調とした服装になり、危険度も増すことから、この取り組みは大成功した。その後、近隣の中学校からも問い合わせが殺到し、県内全域にどんどん広まっていったと聞いている。

長時間ミーティングは指導者の自己満足だ

練習後のミーティングは「気を付けて帰れ」程度のことしか言わない。すでに述べたように、伝えなければいけないことは練習中に何度も生徒を集めて周知している。同じことを最後にくどくど伝える必要はないのだ。長時間のミーティングを行なう人も多いと思う。あれは指導者の自己満足以外に、大した意味はないと思う。言われている方の立場に立てば「早く終われよ」と思っているはずだ。高校時代の私もそう思っていた。そういう心理状態にある子は、絶対に人の話など聞かないものである。

私は九州大会や甲子園でも、試合に勝ったらすぐにその場で反省をする。「あそこはこうだった。でも、あの守りが大きかった。あれがなかったら、やられていたね。でも、次に向けてはもっとこうしないと」という話をグラウンドで行ない、バスに乗って帰っていく。そして、ホテルに着いたら「ここはバッテリーでもう一度確認しておいて」、「あそこで上手く連携できなかった点はみんなで話をしなさい」とだけ言って再確認を行なう。他に話すことがあるとすれば、その日の食事の時間や翌日の出発時間の確認といった〝業務連絡〟のみである。

遠征中に「晩飯が終わったら、8時からミーティングをするぞ」というのも指導者のエゴだと私は考える。夜の7時から食事を始めたら、すべてが終わるのはだいたい8時である。そこから1時間ぐらいミーティングをして、9時ぐらいから洗濯を始めたとしよう。気が付けば10時30分、11時になっている。そして次の日の朝は7時に出発なので、6時半には食事を終えておく必要がある。つまり、遅くとも5時30分には起床しなければいけない。万全の体力で試合に臨まなければいけない選手たちは、いったいどれだけの睡眠時間を確保できるというのか。それに、本当に伝えなければいけないことは、個人的に話をした方が選手も受け入れやすいはずだ。だから、私は甲子園の期間中であっても、ほとんどミーティングをしたことがない。

もし、彼らが〝物足りない〟と感じたら、自分たちだけでミーティングをするようになる。私は日頃の練習でもそうだが、決して彼らに満腹感を抱かせることがないよう注意してきた。そうやって、あえて物足りなさを残しておくことで、彼らは自発的に考え、動くようになる。「物足りなさ=余力」なのだ。余力がないまま家に帰しても、彼らにはバットを振る力すら残されていないのだから〝スイングをしておこう〟という気など起きないだろう。「グラウンド整備を10分で切り上げているのなら、20分練習する時間が確保できるじゃないか」と言う人もいるが、その20分を練習に充てない理由もそこにある。

なお、練習中のミーティングは、全員を集めて行なう。もしその場に全員いなかったとしたら、不在だったメンバーにもう一度同じ話をするように心がけている。でなければ、フェアじゃない。レギュラーにだけ話をしていたら、メンバー外の子と差は開く一方だ。野球は上手でなかったとしても、知識はチーム全員で共有しなければいけないのだ。

「リードはこうやるんだ」、「こういうケースはこういう考えで何をやらないといけない」というようなチームの決まりごとは、絶対に全員で共有しておく必要がある。サインもそうだ。いつ出番が訪れるか分からないのだから、全員が理解しておかないといけない。中にはそこから他チームに情報が漏れる可能性があると言って、チーム全体でサインを把握することを嫌う人もいるようだが、そういうことが起きないような教育を、指導者が徹底していけばいいだけの話である。

九州学院ではそういう掟破りはいっさいないと、全員を信用している。ただ、全員に周知している以上は、急に出番を与えられたとしても「聞いていません」、「知りません」という言い訳は絶対にありえないことだ。

自分のことは自分でやれ

遠征時は、生徒たちと食事をともにしないように心がけている。晩飯ぐらいゆっくり食べさせてやりたい。朝から一緒に神経をすり減らし、ベンチでは怒られてばかりいるのだ。リラックスすべき夜まで一緒では、彼らの心が休まる時がない。

また、遠征に行くと、朝食はほとんどがバイキング形式になっている。下級生が食事を用意して「監督さん、どうぞ」と持ってくる。そして全員で「手を合わせて。いただきます」と食事をスタートさせる。はっきり言って、これも無駄だろう。

朝の早い私は、だいたい先頭でバイキングに並んでいる。生徒が「自分がやります」と来ても「いいよ。自分で好きなものを取るから」と言って、すべて自分で準備する。そもそも自分の好きなものは、自分が一番知っているのだから、他人に選んでもらう必要もない。まず、順番に並んでいるのだ。順番通りに行なうのは世の中のルールではないか。

監督だからと、奥の席でドカッと座っているところへマネジャーが食事を運んでくる。そんな社会が、いったいどこにあるというのだろう。ましてや、普段から「自分のことは自分でしなさい」と教育している高校野球の世界でやるべきことではない。

バイキングも「食べ終わったらさっさと部屋に戻って、自分の時間をゆっくり過ごせ」と言っている。監督の食事終わりを待つ必要はない。食事に遅れてきた生徒は、食べなければいい。出発時刻に遅れても、待たなくていい。遅れたら、タクシーでも何でも使って、球場まで来なければいけない。そこは甘やかしてはいけないポイントだ。

これは勝負の世界に限った話ではない。社会に出たら「5分待ってください」が通じないことがある。だからみんな早め早めに準備することを覚えていくのだ。そもそも、そんなギリギリの仕事をする人間が、信頼を得られるだろうか。常に逆算が成り立つようでなければ、社会人としては難しいところがある。

ベストを尽くすな、有頂天になるな!

私はいつも「ベストを尽くしてもダメなんだ」と言っている。ベストとは、常に超えていかなければいけないものである。たとえば、陸上の選手が世界選手権やオリンピックで金メダルを獲る時には、自己新をクリアしているケースが多い。自身のベストを超えた時、何かしらの記録が生まれるのである。だから、ベストは尽くすだけではダメなのだ。「ベストを尽くす」は、自分の限界を設定するようなものである。結局「有頂天」とは何なのか。それは〝のぼせ上がる〟ということではなく、自分で頂点を決めてしまうことだと私は考える。つまり、設定した頂点がその人の限界で、そこに達したら後は平行線を辿るか、下がっていくしかない。自分で「天＝限界」を作らなければ、人はどこまでも伸びていく。野球選手であれば、現役を終えた時が有頂天なのである。その時は多少なりとも「俺はここまでやってきたんだ」と有頂天になればいい。これはプロに進んだ村上たちにも言ってきたことだ。

実際にプロ野球選手は自分で限界を設定せずに、さらに上へ、上へとステップアップしようと努力を重ねている。毎シーズン3割を打っているような打者でも、毎年フォームやバットに何かしらの改良を加えているのだ。それはもっと上手くなりたい、もっと上に行きたいと思っているからである。だから、結果を残した選手が一流なのではなく、常に自己ベストの更新に挑んでいる選手こそが一流なのだ。野球でもゴルフでも、そういった考えの中でフォームを変えて成績が落ちたとしても、そういう選手は試行錯誤を繰り返しながら別の解決策を見つけ出し、いずれは再浮上してくるだろう。

「ベストを更新し続けろ」という話は生徒にも頻繁にしてきたが、言えば彼らもその理屈は分かってくれる。もちろん生徒によってベストの位置も更新のための解決策も様々だが、ベスト更新の方法を分かっていない生徒がほとんどだ。そういう場合は、解決のヒントを授けながら「間違ってもいいからやってみな。失敗しても、次はこんなやり方があるのだから」と、常に新しい選択肢を用意しながら導いていかなければいけない。その具体的な例は、のちの章で紹介していこうと思う。

一度できたことは必ず繰り返しできるようになる。だから、絶対に諦めてはいけない。何かのタイミングがすべて合って、結果に繋がったのかもしれない。だったら、そのタイミングをいかに組み合わせていくか。たった一度でも、まぐれでホームランを打つことができたら、その後は立て続けに打てるようになっていくだろう。一度でも最高のボールを投げることができたら、その後も投げ続けられるようになるだろう。こうして、まぐれがまぐれではなくなっていく。それが進歩である。そして、そのまぐれを超えた瞬間が「自己ベストの更新」、つまりその子の限界値の更新なのだ。一流の選手ほど、そういうことをいくつも経験してきているはずである。

私自身がそんなに良い選手ではなかったから、とにかく勉強した。いろんな人にピッチングやバッティング、トレーニングの方法も教わった。そういう野球人生を辿ってきたからこそ、できない者の努力を理解しやすいし、できるようになった時の喜びも共有できる。

ただ、できない者ができるようになった時の喜びは、本人より指導者の方が大きいのかもしれない。

隣の芝生を見すぎては危険だ

近年は、各県の強化策の一環として、全国の強豪校の練習を視察する取り組みが増えてきた。また、甲子園優勝監督の講演会に各県から若手指導者が派遣され、その研修成果を発表するという動きも活発化している。

しかし「今年のウチには柵越えをする選手が何人いて……」、「ウチは160キロのマシンを打っています」と言われたところで、同じ練習をできる学校が果たして全国にいくつあるというのか。つまり、全国からトップの子が集まっている学校の練習を見ても参考になることは少なく、実際に自分たちの学校に帰って取り入れられるような練習は、いくつもないはずである。

それに、超高速球を打っているということは、普段から良質のボールを使っているはずだ。質の悪いボールは軌道も変わって危険だから、常に新球に近いボールを使用しなければばならない。そういう部分を視察して、各県で「研修の成果」と題した発表会をやっているが「おたくには、それだけの新球があるの？」と言いたい。私たちも含めて、いわば小規模の町工場が一部上場の大手工場を見てきて「同じことをやります」と言っても、同じ機械を揃えることさえ不可能なのだから、現実的にはやはり無理がある。

「ウチでは145キロを打てない者は試合で使えません」という学校に、120キロ台でも打てない学校の人たちが話を聞きに行って、いったい何になるのか。それに対して「素晴らしい研究発表でした」と拍手を送るのも、あまりに短慮すぎやしないか。私個人としては、公立の進学校でありながら、甲子園でも結果を残している彦根東のようなチームを参考にしたい。

青々と茂った隣の芝生を見ても、仕方がない。また、私たちは大間の大マグロではなく有明海の小魚だったとしても、調理の仕方ひとつでこちらの方が美味しくなることもあるのだ。それぞれの置かれた環境で、できることをしっかりやりきれば、全国でも充分に戦っていける。そのことは、九州学院での30年以上にわたる監督生活の中でも、充分に証明してきたつもりである。

だから、私は他校のことがいっさい気にならない。「どこの学校で問題が起きていますよ」と言われても「あぁ、そうなの。大変だね」という程度の返答しかできないほど、よそに対して興味を抱かないのである。

〝ゆで卵教育〟で透けて見える現代っ子の姿

九州学院の冬季練習には、夕方6時ぐらいにゆで卵を3個食べさせる「ゆで卵タイム」がある。ゆで卵は多くのたんぱく質を含んでいる天然のプロテインだ。そして、ゆで卵は胃もたれをしない。空っぽの胃の中に卵を入れれば、胃もホッと安心するだろう。何より、凍えるような寒さの中で厳しい練習をしていても、決まった時間になれば「ゆで卵タイム」がやってくるのだ。そんなふうに、生徒たちがホッとする時間帯を作りたかった。こういう取り組みを続けていくうちに、怪我の発生と風邪の発症が目に見えて減少した。空腹状態を作らないための補食は、やはり大事なことである。

ゆで卵タイムの間に生徒を見ていると、卵の皮の剝き方を知らない子供が増えてきたなと気づかされる。だから私は、新聞紙を広げて皮の剝き方から教えるのである。傍らには天然塩を置いているが、彼らは塩の付け方も知らない。卵を半分に割り、各自が塩に卵を持っていくのだ。そうではなくて、塩を摘まんで割った卵に振りかけなければいけない。

二度付け禁止の串カツではないが「塩は付けるものではなくて、かけるものなんだ」ということを、最初に教えておく必要があるのだ。ちなみに、なぜ天然塩が良いかといえば、喉の渇き方が違うからだ。そこまで塩にはこだわった方がいい。

しつけという点では、もうひとつある。私は部屋に入る時に、わざと靴を並べないようにしている。無造作に脱ぎっぱなすのである。そして、私を訪ねてくる生徒が、それを並べ直すのだ。その後「先生、今日はどうしますか？」と尋ねてくる。そういう細かな気づきのポイントを随所に散りばめながら、生徒らにしつけを行なっているのである。

まず、生徒は靴が並べられていないことに気づくことが重要だ。保護者の方が野球部に望んでいるのも、じつはそういう部分ではないだろうか。私は生徒に「野球のキャッチボールだけできてもダメだ。言葉のキャッチボールをやりなさい。言葉のキャッチボールができたら、心のキャッチボールもできるようになる」と言ってきた。心のキャッチボールができるようになれば、些細な変化にも気が付くようになっていく。〝あれ、今日はこいつ元気がないな〟と気づいてあげられるようになれば、村上がサードからピッチャーに声を掛けに行くようなさりげない気配りが、自然とできるようになっていく。

高校生なら監督の言うことに反発していい

監督の姿、理想像というものは人それぞれだろう。私自身、いまだに独自のスタイルを確立できているとは思っていないが、ひとつだけ言えることがある。それは「試合での負けは、監督の采配が原因である」ということだ。バントが成功しなかったら、バントができない選手を使った監督の責任である。バントが苦手なら、打たせればいいのだ。選手が守備でエラーをしても、責任はエラーする選手を使った方にある。「もう一歩前に出なさい」という指示すら出してあげられなかったのだから、完全に監督のミスだ。

ただ、監督の私が言うすべてのことを、高校生に分かってほしいとは思わない。そんな良い子になってもらっては困るのだ。どんどん反発してくれていい。やがて、彼らは大人になって、社会人になる。20代後半でも40台後半でもいい。役付きの仕事に就き、結婚して親にもなるだろう。そこで「そうか。先生が言っていたのはこういうことか」と気づいてくれた時に、私の教育は初めて完成したと言えるのである。気づくのは、別に私の命がなくなった後でも構わない。だから未成年である高校生の段階で、人間は完成しなくてもていいと思っている。

彼らも私と一緒に過ごしている間は分からないだろう。反発もしないような子供たちばかりという方が、むしろ異常である。そもそも学校の生徒というのは、陰で先生の悪口を言うものだ。ただ、何も関係ない人から先生を悪く言われたら、頭に来るような人間ではあってほしい。

もちろん、グラウンドは監督だけで回しているわけではない。コーチの存在は不可欠である。現在はプロ野球の世界で打撃コーチをしている吉本や高山にも、よくこんなことを言っている。

「お前たちの方からは、何も教えるな。迷っている選手の方から聞かれたら、そこでアドバイスを送ってあげればいい。そもそもプロには、技術的に長けた子たちが入ってきているのだから」

決して教えるだけが良いコーチではない。黙って見守る度量の大きさと、いざ助言を求められた時に、的確なアドバイスを送ってあげられるだけの知識と反射神経を備えているか。そのためには、普段から選手たちを細かく観察していなければならない。

一方、最近はプロのコーチの間でも「走り込みはいけない」、「投げなくてもいい」と言っている人が増えてきた。たしかにプロの世界を極めるだけの能力を持った選手なら、それでいいのかもしれない。ただ、そう言っている人たちも、アマチュア時代は走り込み、投げ込みながらその地位を築いてきたのではなかったか。そしてこれから一流を極めたいという選手であれば、なおさら人より多く走り、投げていかなければ人からは認めてもらえないのではないか。そんな考えをする私自身は、今の時代においては古い人間となってしまったのだろうか。

第三章

友喜力

三冠王を育てた九学野球部のスローガン

自分のためではなく、友のために

私の指導者生活において、もっとも大切にしてきた言葉のひとつが「友喜力《ゆうきりょく》」だ。字が示す通り「友を喜ばせる力」、「友に喜んでもらうための力」という意味の、私が考案した造語である。

自分のことだけを考えているのなら〝今日はこのへんでいい。もうやめよう〟と妥協することもあるだろう。しかし〝自分だって試合に出たい〟という気持ちを抑え、裏方に回ってくれているチームメイトがいる。応援してくれている、同じクラスの生徒たちがいる。そんな友人のことを思えば、物事をそう簡単に諦めることはできないはずだ。

友人だけではない。子供の頃から毎日ティーを上げるなどして、遅くまで練習を手伝ってくれたお父さんがいる。毎日早起きしてお弁当を作ってくれたお母さんがいる。そもそも生徒は、親から授業料を払ってもらいながら好きな野球もやらせてもらっているのだから、それ以上の負担をかけるのは親不孝というものだ。頑張って野球に取り組むことで、恩を返していけばいい。だから私は、保護者の送り迎えを禁止にしていたのだ。

つまり〝俺たちはいつも支えてくれる人たちに喜んでもらうため、野球をやっているんだ〟、〝みんなと一緒に雄たけびを上げるためにやっているんだ〟という思いを持って頑張ろう。それが私の掲げる「友喜力」なのである。

誰もが甲子園のグラウンドに立つことを夢見て高校に入学してきたのだから、メンバーに選ばれないのは屈辱で、苦しいことだと思う。しかし、そんな挫折を経験していくのもまた大きな財産だ。そして、そこから立ち直り、チームの役に立てるポジションを自らの力で見つけ、最後まで尽くしていかないといけない。それも「友喜力」のひとつである。

試合に出ている者は、まわりでサポートしてくれる仲間の力を強く感じ「チームメイトを喜ばせたい」と「友喜力」を発揮する。試合に出ていない者は、自分が果たすべき役割の中で、チームのみんなで喜び合おうと自分の役割に全力を注ぐ。

九州学院の選手が取材を受けた時「好きな言葉」、「大事な言葉」を聞かれたら、全員が「友喜力」と答えている。もちろん私が言わせたり、書かせたりしているわけではなく、彼ら自身がそうやって答えてくれるのだ。私の思いをすべての野球部員が理解してくれているようで、私自身もこの上ない幸せを感じるのである。

また、この言葉を大事にしてくれているのは在校生だけではない。多くの卒業生もいろんな場面で「友喜力」を使ってくれたり、大事にしてくれたりしているのがたまらなく嬉しい。現在の村上宗隆も、まさに「友喜力」を体現してくれている。ベンチの中でも率先して声を張り上げ、チーム全体を鼓舞している。また、チームのためになるのならと、先輩に対しても積極的に意見する姿は、高校時代と何ひとつ変わりはない。いや、私が出会う中学時代からそういうマインドを備えた子だったらしい。

村上は高校1年の夏に甲子園出場を果たした。4番を打ちながら4打数ノーヒット。守備でもエラーをするなど、本人にとっては苦い思い出になったかもしれない。村上自身もいまだに「自分のエラーで足を引っ張ってしまった」と言っているが、誰もそんなことを思っていないし、責める者もいない。むしろ、まわりは「ムネがいてくれたから、県で勝つことができたんだ」と言っている者ばかりだ。友に助けられ、友を助ける。そんな関係が、九州学院の野球部には定着しているのである。

友喜力で掴んだ甲子園8強

「友喜力」という言葉を使い始めたのは、10年以上前に遡る。実際にこの言葉を使い始め、この言葉の意味を生徒に理解してもらえるようになってからは、結果にも結び付くようになった。2010年夏、11年春、12年春と毎年のように甲子園出場を果たすことができたが、これはすべての生徒が各自の役割に責任を持てるようになったからだと実感している。

2010年。甲子園に出場した夏は、のちに高校日本代表にも選ばれたエース右腕の渡辺政孝が中心のチームだったが、レギュラーのうち息子の坂井宏志朗を含めた1、2年生が約半分を占めていた。熊本県の決勝は八代東に7－3で勝利して甲子園出場を決めたのだが、下級生たちは表彰式でいただいた優勝メダルを、3年生の先輩に捧げている。私と部長のぶんも含めて「これは先輩方で獲ったメダルですから」と言って、スタンドにいるメンバー外の3年生に手渡したのだった。

そして、3年生全員を甲子園に連れて行くことができた。その時も3年生の多くはメンバー外なので、主な業務は洗濯係、清掃係だ。山下翼、溝脇隼人、大塚尚仁、萩原英之といった主力の下級生に対して、3年生は「ほら、洗濯物を出して」と全力のサポートを行なっていた。下級生はみんな恐縮していたが「お前たちは早く休め。お前たちの仕事は試合をすること。俺たちの仕事はこれなんだから」と言って、献身的に後輩たちを支えてくれたのである。

そういう光景を目の当たりにして〝このチームなら勝てるかもしれない〟と感じた。2010年は初日の開幕試合で松本工と対戦し、14－1と快勝。先発全員安打、先発全員得点は28年ぶりの記録だったらしい。そして、この勝利が、九州学院にとっては10年ぶりの甲子園白星となった。2回戦は渡辺が山形中央を7－0で完封。3回戦は同じ九州の鹿児島実と打ち合いになったが、主砲・萩原のホームランなどで8－7の〝ルーズヴェルトゲーム〟を制した。なお、萩原が打った甲子園での1年生4番打者のホームランは、あの清原和博選手（PL学園）以来、27年ぶりの快挙だった。準々決勝では渡辺が力尽き、この大会で準優勝の東海大相模に3－10で敗れたが、九州学院の甲子園8強は1963年に並ぶキャリアハイである。

大会期間中も、3年生は練習のサポートを一生懸命こなしてくれた。3年生の裏方にそこまでされたのだから、主力の下級生はもう頑張るしかなかっただろう。萩原の一発や溝脇の全試合安打といった活躍も、3年生の支えなくして語ることはできない。

2010年の3年生は、私が願った通りに成長してくれたなと思った。そして、8強入りしたあの代が、その後の良い流れを九州学院にもたらしてくれたと感謝している。3年連続の甲子園だけでなく「友喜力」が浸透したという意味でも、彼らが果たした功績は計り知れず大きいのだ。

レギュラーポジションは9つだけではない

指導者はレギュラーだけを見ていてはいけない。繰り返しになるが、チームにとって大事なのはメンバー外の生徒である。メンバー外の生徒がいるから、メンバーやレギュラーが生まれる。レギュラーしかいないチームはチーム内の切磋琢磨がなくなり、もちろんレギュラー選手の成長もない。そもそも、レギュラーだけでは練習ができないのである。

また、生徒それぞれに、長所と短所がある。その場合は、長所を伸ばす練習と短所を克服する練習を並行して行なっていかなければならない。ただし結果的に、打力が突出した者は代打、飛び抜けた脚力を備えた者は代走という役割に落ち着くかもしれない。だとしたら、代打と代走の生徒を〝ふたりでひとつの選手〟と考えれば、多彩な組み合わせが生まれる。また、そうした考えに基づいて役割を与え、それを担っていくのが控え選手だと私は思う。つまり、控え選手は補欠ではないのだ。

たしかに野球の場合は、フィールド内に9つのポジションしか存在しない。しかし、生徒ひとりひとりに、レギュラーポジションはあると思っている。スタメンで出場する9人はもちろん、2番手ピッチャーも、2番手キャッチャーも九州学院ではレギュラーポジションだ。代走、代打で待機している生徒らもレギュラー。ランナーコーチも給水役も、当然レギュラーだ。

ベンチに入っている者だけではない。夏前の5月までは、全員による競争を繰り広げるが、夏の前には自身の実力や立ち位置がはっきりと見えてくるものである。おそらく、生徒自身が一番自覚しているのではないだろうか。そこに気づいた時点で、自分自身で新しいポジションを作り、チームに貢献してみてはどうか。ブルペンキャッチャーでもいい。下級生の教育係でもいい。マネジャー補助でも、データ解析でもいい。応援を仕切りたいというのなら、それもいいだろう。そうやって各自で見つけたポジションは、紛れもなくレギュラーポジションなのだから。

夏には部員全員が何かしらのレギュラーポジションを持ち、チーム全員で勝負に挑む。2010年夏のメンバー外の3年生たちがそうだったように、実際にそのスタイルこそが、九州学院の強みにもなっていったのである。

なお、メンバー入りが厳しい生徒に対して、最後まで期待を持たせるようなことを言い続けるのは、優しく振る舞っているようで、じつは残酷なことをしていると思う。そういう生徒は、夏の前まで試合に出して、現実の厳しさを理解させ、自ら〝選手以外のレギュラーポジションでチームのためになる〟という決断ができるように促していく。そして、自らが望んだポジションを最後までしっかりまっとうさせた後に、その生徒に合った進学先を全力で見つけ、後押しをしていかなければならない。我々指導者が果たすべき、最大の仕事と言っていいだろう。

最重要ポジションは男子マネジャー

九州学院の野球部内にいくつも存在するレギュラーポジションだが、もっともキツいポジションといえば「マネジャー」ではないだろうか。女子マネジャーを置かない九州学院では、男子がマネジャーを務めるが、彼らはとにかく私から叱られ続けてきた。マネジャーたちには、こういうことも言った。

「お前が風邪をひくなんて、とんでもない話だ。他のポジションの代わりはきくが、お前の代わりができる者なんていないのだから！」

それほどチームにとって大事なポジションで、必要な人間なのである。九州学院ではキャプテンがトップではなく、生徒の中のトップはマネジャーだ。選手側から私に対して

「バットが割れている」とか「新球を出してもらえませんか」とお願いする場合も、すべてマネジャーを通して行なわなければならない。吉本や高山、村上ですら、私に直接物を言ってくることはなかった。逆に言えば、私自身がマネジャーに対してそれほどの信頼感を抱いていたということだ。

中には最初から「九州学院でマネジャーをやりたい」と言って入ってくる者もいる。たしかに2年の夏が終わり、監督から通達を受けてマネジャーに回るのでは遅すぎる。急に「やれ」と言われてこなせるほど、楽なポジションではない。指導者とのやり取り、接客、練習指示など、マネジャーの仕事はじつに大変なものばかりで、もちろん選手側に立つこともあれば、指導者側にも立ってチーム全体を束ねていく必要もある。

九州学院のマネジャーの仕事の中で、もっとも重要な任務のひとつが「ユニフォーム渡し」である。九州学院のユニフォームは貸し出し制のため、背番号が縫い付けられたユニフォームを与えられるか否かがベンチ入りの分かれ目となる。私は夏を含めた公式戦前に、ミーティングでメンバーだけを発表し、ユニフォームを渡す場面にはいっさい立ち会わなかった。番号付きのユニフォーム、そして番号の付いていないユニフォームを、私が去った後にマネジャーが手渡すのである。

背番号を発表する際、みんなは笑顔で拍手をしているが、内心は心穏やかではない。プライドを傷つけられた者もいるだろう。あの場で真っ先に考えなければいけないのは、番号入りのユニフォームを手にできなかった生徒たちの心情だ。そういう時に、私たち大人がいろいろ言うよりも、生徒間のトップであり同世代の友人でもあるマネジャーから手渡しでユニフォームを託される方が、彼らも素直に受け入れやすいはずだ。

こうしたハードな業務をテキパキとこなすので、大学関係者からはずいぶんと「マネジャーをください」と言われてきた。それほど、マネジャーとは社会に出ても即戦力性が高いポジションなのである。ここ10年ほどは、大学球界だけではなく、社会人野球で活躍する九州学院出身のマネジャーも珍しくなかった。

なお、ユニフォームは甲子園で着用するものはもちろん、練習試合のユニフォームも貸し出し制である。買い取りではなく、貸し出し制にしているのは、各家庭の負担を極力抑えるための工夫でもある。

喜びは内側に向けるべし

勝負事には必ず勝者と敗者がいる。私たちは野球というスポーツに取り組む以上、決してスポーツマンシップを失ってはいけない。

私は村上がホームランを打っても「ナイスバッティング！」と声を掛けたことがない。「打って当然だよ」という考えだったからだ。私自身が拍手をしたり、ガッツポーズを作ったりしたこともない。それは吉本や高山の時も同様だった。だから、彼らはホームランを打っても私の前は黙って素通りしていた。〝先生はそういうことをする人じゃない〟と分かっていたのだと思う。たしかに3人とも派手なガッツポーズはしたことがなかった。

打ったバッターがいるということは、打たれたピッチャーがいるということである。だから私は、新入生が入ってきた時に「試合でヒットが出た時、自分のチームの選手が出塁したことを喜ぶのは構いません。ただ、相手も同世代の子供さんです。相手ピッチャーから打ったこと、あるいは相手がエラーしたことを喜んではいけません。これだけは九州学院の一員である以上は守ってください」と部長に話をしてもらっていた。もし逆の立場ならどう思うか。それを常に念頭に置いておかなければいけない。

私たち九州学院だけでなく、熊本県内の野球部にとって、熊本工は最大のライバルだ。しかし、多くのチームは熊工のことを認めようとせずに戦うから、試合にも敗れてしまうのだと思う。私自身も一緒で、まわりに私を認めようとしない人たちが多いと感じていたから、やりやすかった部分も多分にあった。「坂井のことが嫌いだ」と言う監督さんほど、こちらも思い切って試合をしやすくなるのである。

プロ野球選手になった村上は、たとえ相手ピッチャーを打ち崩しても、感情を相手に向けることはない。喜びの感情も、雄たけびも、向かっている先は自軍ベンチである。もちろん相手を威嚇も挑発もしない。「スポーツとは、相手がいて成り立つ」という大前提を理解しているのだ。プロボクシングでも、試合前は挑発合戦を繰り返し、互いを罵り合っていても、試合が終わればお互いを讃え合っている。そういったスポーツマンシップがなければ、単なる喧嘩で終わってしまうだろう。

ましてや高校野球の場合は、試合の最初と最後にお互いが向き合って、礼をするスポーツだ。礼に始まり、礼に終わる。もし、サヨナラ勝ちしたチームの選手が、敗れた相手を挑発するような態度を取ってしまえば、その後の整列で敗れたチームは潔く負けを認めることができるだろうか。武道憲章の第三条にあるような「勝っておごらず、負けて悔やまず」というスポーツマンとしての節度を失うことは、決してあってはならないことだ。甲子園に出るチームは各都道府県の代表であり、夏の大会に出場する全チームは地域の代表なのである。相手を敬う気持ちがなければ「おらが町の代表」として応援されるチームにはなれないだろう。

「ウチには選手がいない」は絶対禁句

生徒は、自分を支えてくれるまわりの人たちのためにと「友喜力」を振り絞っている。一方で、私たち指導者もそんな彼らに対する敬意と愛情を失ってはいけない。

社会的に高校生ピッチャーを酷使しすぎだという風潮の中で「1週間500球以内」という球数制限に関するルールが適用され、現在は多くのチームが複数のピッチャーを育てる必要に迫られている。そんな状況下で「ウチは選手がいないから無理」、「人数がいないから複数ピッチャーは作れない」と否定的なことを言う監督さんもいるが、それを言ってはおしまいである。試合に出られる人間がいるなら、複数ポジションを守れるように指導していけばいいのだ。

九州学院では「ひとり2ポジションを持ちなさい」と言っている。ピッチャーであっても「外野、ファースト、サードもやってくれ」と言うし、キャッチャーにも「ピッチャーでも内外野どこでもいいから守ってくれるように」と伝えている。ひとりが2ポジションをこなせば、スタメンが9人でも18ポジションで勝負できることになるのだ。

「ウチには選手がいない」と言う人ほど「ベスト8に行きたい」と言っているように感じる。また「ウチの選手はダメですよ」という嘆きを耳にすることもあるが、その人は〝ダメな子〟を〝ちょっとダメな子〟にまで成長させるだけで、そのチームにとっては大きな進歩なのだということを分かっていないのではないか。そういう指導ができないのか、あるいは〝しようとしないのか〟は分からないが「ウチには選手がいない」と言って片付けてしまうのは、自らの指導力のなさを周囲に触れ回っているに等しく、そもそも発言自体が生徒に対して失礼だ。

そういうネガティブなことしか言わない指導者は「なかなかウチには良い選手が来てくれないんですよ」と嘆くが、私は〝当たり前じゃないか〟と思う。子供たちが〝この学校で野球がしたいな〟と思えるだけのチームを作れていないのだから。愚痴を言う前に、いかに子供たちにとって魅力のあるチームを作っていくかを考えなければならない。いろんな指導方法を学び、複数のピッチャーを育て、ひとり複数ポジションをこなせる選手の育成方法を学べばいいではないか。

九州学院は選手を獲ってくる学校ではない。選手の方から九州学院を選んで来てくれている。長い年数をかけて、ようやく子供さんの方から来ていただけるチームになった。だから、九州学院に来てくれないからどうだとはいっさい思わない。他の学校に行って伸びてくれたなら、それでよかったと思うべきだ。〝ウチに来ていたら、ここまで伸ばせてあげられなかったな〟と納得すればいいではないか。よその学校に行く子は、縁がなかったということである。それを嘆き、批難すること自体、相手校だけでなく、その子とその家庭に対する敬意に欠けている。そこまで行ってしまうと、もはや「スポーツマンシップの欠如」以前の話かもしれないが……。

第四章

教え子、村上宗隆

「臥薪嘗胆」、不屈の友喜力で日本の4番打者となった男

入学即4番で清宮幸太郎と対峙

村上宗隆との出会いは、彼が中学3年生の時である。村上が所属していた熊本東シニアは、吉本亮の父で私の同郷の先輩にあたる吉本幸夫さんが監督を務めておられる。その吉本監督から「体も大きく、センスのある選手がいる。性格も良いが、元気も良い。きっとお前にしか育てられないだろう。一度、親子で練習見学に行かせるから、ちょっと話をしてあげてくれ」という連絡があった。しかし、私自身が直接彼のプレーを見ていたわけではないので、詳しいことはまったく知らなかったというのが本当のところだ。

ある日、村上は父親に連れられて九州学院の練習見学に来た。それが彼との初遭遇だった。そこで私は「先生の野球は初球からどんどん振っていく野球だから」という話をした。このひと言が、村上の琴線に触れたらしい。帰りの車の中で、村上は父に「お父さん。僕、坂井先生のもとで野球がしたい。九学に行っていい？」と直訴したそうだ。村上のご両親は「息子が決めたことを黙って後方から応援する」という教育方針だったこともあり、こうして村上は自らが望んだ九州学院への入学を果たすのである。

2015年のセンバツから帰ってくると、解禁に合わせて村上が練習に合流した。まず、ユニフォームの着こなしを見て、非常に良い雰囲気を感じた。とにかくユニフォームが似合っているのである。そしてトスバッティングを見て〝久しぶりにバットコントロールの上手い子が入ってきたな〟と感じた。ただ、当時はボールをバットの真芯で捉えすぎるがゆえに、打球に角度が付きにくく、なかなかフライ性の打球が上がらなかった。しかし、フリーバッティングで見せたスイングスピードやインパクトの強さ、打球の速さを目の当たりにして〝あ、こいつが4番だ〟と即決した。そして〝なぜ、これほどのバッターが全日本に入っていないんだ?〟と首を傾げたものである。

こうして、村上には入学直後から4番を打たせた。直前のセンバツにも出場していた当時のチームは、前年秋にも九州大会で優勝している。思い切って1年生の村上を4番に置くことができたのは、3番、5番、さらにその後ろを安心して任せられるバッターが上級生に揃っていたという事情もあった。それに、1年生が4番を打ったとしても、それを妬んだり僻んだりする者は九州学院にはいない。学年を超えて野球部員の仲が良いので、1年生であっても4番に抜擢しやすい環境なのだとも言えるだろう。

そして、他の生徒には「ムネはずっと4番で使っていくから。ムネにはずっと三振でいいと言っているので、ムネに打順が回るイニングはツーアウトしかないと思いなさい」と通達していた。

村上自身も明るい性格で、すぐに上級生の中に入って溶け込んでくれた。彼の公式戦デビューは1年春の九州大会。4番でスタメン起用すると、最初の打席でレフト前にタイムリーを放ち、上々のデビューを飾っている。試合後には多くの記者が押し寄せ、まだあどけなさの残る村上を質問攻めにした。1か月前の甲子園で4番を打った松下且興や、同じく3番を打った友田晃聡を押しのけ、いきなり4番に座って結果を残したのだから無理もないだろう。

5月には九州学院のグラウンドで早稲田実と練習試合を行ない、村上は同学年のライバルと騒がれた清宮幸太郎君（日本ハム）の前で、高校第1号となる一発を放った。これを見た清宮君が、負けじとホームランで応酬する。清宮君はその後の九州国際大付戦でも特大アーチをかけている。当時は実力的にも注目度でも、明らかに清宮君の方が上を行っていた。村上自身も「上には上がいる」と感じたはずだ。入学から1か月が経ち、4番の座に慣れてきていた頃だったので、自分自身を見つめ直す最高のタイミングになったのではないだろうか。

長打一辺倒のバッターには育てなかった

バッターとしての村上は、一発のあるアベレージヒッターという印象が強かった。なかなか打球は上がらないものの、ヒットならいつでも打つことができる。とくに〝抜群〟といっていい右肘の抜き方の上手さと肩甲骨の可動域が、その天才的なバットコントロールを生み出すのだった。ただ、引っ張っている時はあまり状態が良くない時だ。今でもライトポールの前を大きく巻くようなファウルは、あまり打たないはずである。インコースのボールであっても、目付けを外に置きながら引っ張ろうとせず、肘の抜きを使って払っていく。最初から目付けを内に置くと、どうしても上体が開いてしまい、右肘が上がってしまう。上手く払えた時は、打球もファウルにはならないのである。

一方で、村上の利き手は右だったので、入学当初は右手の強さはあったが左手の押し込みにやや弱い部分があった。左手を完全に活かせていなかったのである。それも徐々に克服していき、逆方向への強い打球も目に見えて増えていった。ただ、フォーム自体の癖は皆無といっていいほど見当たらなかった。

たしかにアベレージは残すことができる。しかし、村上にしか持ちえない最大の武器といえば、やはり長打力だ。私はバッティングでもっとも重要視している「軸回転」を説きながら、ファウルチップを真後ろに打たせるなどして、少しずつ打球角度を付ける打ち方を村上本人と作り上げていった。

ファウルチップを真後ろに飛ばすのは、ある意味ではヒットを打つよりも難しい。それができるようになるということは、正確にポイントを捉えるミート力と、ボールの下っ面にバットを入れるバットコントロールが備わったということでもある。ボールの下を叩けるようになれば、上昇回転をかけられるようになる。こうして、ボールに角度を付けるためのバットコントロールを身に付けていったのである。

その後、村上は高校通算52本のホームランを打つスラッガーへと成長していったのだが、私としては村上をただの長距離一辺倒な選手にはしたくなかった。長打力という彼ならではの一芸に磨きをかけながら、そこに走塁や守備といった多くの枝葉を付けた「オールラウンドプレーヤー」に育ってもらいたかったのである。本人も決してバッティングだけに固執しておらず「守る、投げる、走る」といった野球のすべてが大好きな選手だった。

そして、村上自身が「村上宗隆」という野球選手をよく理解し、より向上していこうという努力を惜しむこともなかった。相手のことも熱心に研究したが、それと同じぐらい自分自身のことを研究・解析した。その研究熱心さは、もはや「一芸」レベルと言っていいだろう。また、そういうことができるからこそ、彼は超一流にまで上り詰めることができたのだ。

私の教え子にあたり、北京オリンピックの陸上男子4×100mリレーで銀メダルを獲得した末續慎吾によるランニング指導も、村上の評価を高める大きな要素となった。末續指導によるハードルトレーニングなどを取り入れた結果、村上は当時187センチ、95キロという大きな体でありながら、50mを6秒1で駆け抜ける俊足選手となったのだ。

2020年以降、村上はシーズン二けた盗塁を継続している。高校時代の村上は、出塁すれば必ず私に向かって〝行かせてくれ〟とサインを送ってきた。それぐらいスピードには自信があるので、本来は走りたくてたまらない選手なのである。しかも、村上は目一杯リードを取りながら、牽制を入れられれば頭から帰塁する。「チームの絶対的な存在が、そこまでする必要があるのか」という意見もあるだろう。しかし、村上クラスの選手が見せる積極的な姿勢は、必ず子供たちにも好影響を与えているはずだ。

なお、私も大いに勉強させられた末續の指導については、別章でも取り上げたい。

キャッチャーコンバートがもたらした2つの効果

彼が1年秋になったタイミングで、私は村上をファーストからキャッチャーにコンバートさせている。もともと中学時代はキャッチャーをやっていたので〝絶対〟とは言わずとも、いずれはキャッチャーに戻そうというプランがあった。だから、ファーストを守っている間も「ピッチャーに一番近いところから、見て、感じて、いろいろと覚えてくれ」と言って、それまでとは別角度から野球を学ばせていたのである。

全体的に右バッターが多いので、ファーストの守備位置からキャッチャーのサインを見て、学習することもできただろう。とにかく野球を積極的に勉強する子だったので、守備はファーストでもキャッチャーでも、どこでもこなせるだろうとは思っていた。

キャッチャー経験は、のちの野球人生にも大きなプラスになったと思う。「前の打席はこうだったよ」、「どうして内で勝負しないのか?」、「どうして変化球で行かなかったのか?」という話を私たちと日常的に行なってきたことも、打席の中での読み合い、駆け引きに活かされているはずである。バッター目線だけでなく、キャッチャー目線で考えながら野球ができるようになった。常に180度の視野を持ってプレーしていたので、相手の表情やしぐさも観察できたし、試合全体の流れを読むという〝感覚的〟なものが、一段と研ぎ澄まされていったのではないだろうか。今、彼がサードを守りながらしきりにピッチャーへ声を掛けている姿を見かけるが、あれはまさにキャッチャーが声を掛けそうなタイミングで行っている。

また、高校1年生あたりといえば、柔軟な子供の体から筋肉質で硬い大人の体に変化していく時期だ。そんな時期にキャッチャーをすることによって、彼は毎日、屈伸運動を何百回と繰り返していたのである。ブルペンでひとりのピッチャーの球を100球受けたら、100回の屈伸運動をしたことになり、ふたりのピッチャーの球を受ければ200回の屈伸運動を行なうことになる。最近では「うさぎ跳びは体罰だ」と言う人もいるが、同様の動きをしているキャッチャーの屈伸も「体罰だ」と言われてしまうのだろうか。むしろ、今の時代こそ必要な運動のひとつではないかと思い、私はみんなで手繋ぎスクワットをやらせているのだが……。

私の感覚からすると、最近は足首や股関節の硬い子が多くなってきた。トイレの洋式化も進み、日常の屈伸運動が極端に減ってきたことにも、原因があるのではないかと思えてならない。だから、足首や膝、股関節を柔らかくしていくためにも、屈伸運動は必要ではないか。少なくとも、村上に関してはキャッチャーをやりながら何万回と屈伸運動を繰り返していたことが良かったと言い切ることができる。

やはりコンバートさせた当初は、体の硬さも目立っていた。ちょうど成長期にあたる時期なので、本人も関節に対する不安や痛みを感じていたと思う。実際、1年秋頃に「関節まわりが痛い」と言っていた時期もあった。それでも、激しいトレーニングやランニングを除いて練習を休ませなかった。ドクターやトレーナーに相談すると、休んだら休んだぶんだけ関節や筋肉がどんどん固まっていくのだという。また、よほどハードでなければ、体を動かしながら柔軟性を作っていくことができるらしい。むしろ軽度の刺激を与え続けた方がいい、とも助言を受けた。だから、村上はもっともハードな練習を2、3週間休んだ以外は、いつも全体メニューに入っていた。

村上は〝叱りやすい〟生徒だった

村上宗隆は、たとえ怒られても素直に「すみません」と言える子である。怒られた時に、ウジウジしているだけでは、結果的に悔いの残る形に終わることも多いが、村上は後悔するということがなかった。「あぁ、失敗した。やっぱりダメだったか」と素直に反省できるから、心から「すみませんでした」と言える。大会中に一度だけ、私が注意したことに対して「自分だって必死に頑張っているんですよ！」と反抗してきたことがあったが、その後すぐに「すみませんでした」と謝ってきた。反省するから、どんどん次の段階へも進んでいける。だから彼は、プロ1年目から経験のないサードを守ることができたのだ。

そんな村上の性格は、ご家庭のしつけ、教育方針によって形成されたものである。彼のご両親は、学校や野球に関するすべてのことを、私たちに任せてくれた。息子があれだけ注目されながら、表に出てこようともしなかった。それは、息子が超一流のプロ野球選手となった今も変わらない。

私たちにすべてを委ねてくれていたので、私たちが村上を叱っても「そんなことを言う宗隆が悪い。怒られて当然だ」と言うご両親だった。そして「そんなお前を、先生方は可愛がってくれているじゃないか。お前のために言ってくれたんだぞ」と諭してくれるご両親でもあった。「先生に怒られただと⁉　文句を言ってやる」という親御さんであれば、学校側としては指導したくても指導できなくなる。また、教育現場に長年携わってきた経験からすると、そういう方ほど「学校側は何もしてくれない」と言ってくる傾向にある。村上の家庭はその真逆だった。

だから村上という生徒は「叱りやすい、怒りやすい子」だったのである。野球部内だけでなく、学校生活においても他の運動部の先生方やOBがいつも気にかけてくれて、必要な時には遠慮なく叱ってくれた。つまり、大人が物を言いやすい子供だったのだ。だから、村上のようによく怒られる子ほど、じつは手がかからないものである。

そして、村上自身が素直に「すみません」と頭を下げることができる性格で、言葉もハキハキしていたため、すべての先生方をはじめ、あらゆる大人から可愛がられた。後輩たちからも好かれ、グラウンド内では下級生が「ムネさん！　これやっておいて」といったような言葉が飛び交っていた。だから、決して私ひとりが村上宗隆という人間を育てたのではない。そのことを、あらためて強調しておきたい。

なお、村上が野球を始めた時、もともとは右利きの村上に「左の方がいいんじゃない？」という助言を送ったのが父・公弥さんだった。最初に両方で振らせてみたところ、スムーズにスイングできていたのが左で、右は不格好に映ったらしい。最初から左バッターにしたくて左打ちにさせたのではなく、見た目上の理由で左バッターとなったそうだ。そんな父のさりげないアドバイスを聞き入れ、初めて左打席に立った瞬間こそが、三冠ロードのスタート地点だと言っていいだろう。

「野球部では長男であれ」

村上は男3兄弟の次男である。長兄の友幸君は、身長193センチの高さを活かした最速149キロ右腕で、東海大熊本星翔から東海大へと進み、その後は2022年まで社会人のテイ・エステックでプレーした。九州学院でプレーした三男の慶太も190センチの長身で、兄・宗隆が果たせなかった甲子園1勝、8強入りを果たした。いずれは兄と同じ舞台でプレーすることを夢見て、2023年には日大に進学する。

私は村上が入学してきた時に「お前は次男坊だけど、野球部では長男になれ」と言った。〝それぐらいの自覚を持ってやりなさい。人の背中を見て歩くのではなく、自分で考え、引っ張っていきなさい〟ということを伝えたかったのである。そして高校を卒業する時点では、立派な長男に育ってくれた。むしろ、2年の段階ですでに長男といっていいほどの存在に成長していたと言っていい。

3年夏の県大会決勝では、秀岳館に1－3で敗れた。その時も、村上は泣いている下級生に向かって「なんでお前たちが泣くんだよ。胸を張れ！　俺たち3年生がダメだったんだから、お前たちが泣くことはないんだ。お前たちが頑張ってくれたから、こうやって決勝まで来ることができたんじゃないか」と、肩を叩いて回っていた。

そして「相手を見ておけよ。あんなに喜んでいるだろう。来年はお前たちがああやって喜ぶ番だ」と言いながら、最後には「ありがとう」と、ひとりひとりを労うのである。

じつはその後、村上の姿が見えなくなった。他の生徒に「あれ？　ムネは？」と尋ねたら「トイレだと思います」と言う。そして目を真っ赤に腫らした村上が戻ってきた時に「なんだ。お前、泣いていたのか」と聞くと「泣いていませんよ！」と言って、再び泣いている下級生たちを大声で励ましていくのだった。

閉会式が終わり、私たちは九州学院のグラウンドに戻って最後のミーティングを行なった。そしてすべてが終わった後、ネチネチした物言いが性に合わない私は「はい、3年生はこれで終わり！　さようなら！　2、3日は来ないでね。後輩たちの邪魔になるから」と言って、いったんはその場を締めた。3年生たちが次々に帰っていく中で、ひとりだけ残っていたのが村上だった。チームメイトの姿が見えなくなったのを確認すると、そこで初めて「僕は先生ともう一度、甲子園に行きたかったです」と言いながら、ワンワン泣き始めたのである。

そういう純粋なところを失わずに、彼は現在に至っていると感じる。プロに行っても、優勝決定後には人目をはばからず号泣している。チームメイトを思い、先輩や恩師を思って涙を流すことができる。まさに「友喜力」を体現しているかのような姿に、私はいつも貰い泣きしそうになってしまうのだ。

プロ入り時に送った「臥薪嘗胆」

高校時代から「肥後のベーブルース」と称され、ファンの間で大きな注目を集めてきた村上のことだ。やはり常に比較され続けてきた清宮君の存在は、意識の中にあったと思う。村上は3年時に高校日本代表の最終候補まで残ったが、結局選考されることはなかった。大学進学という選択肢も残していた村上が「プロに行く」という決断を下したのは、まさにその時である。

あの時に交わした村上との会話を、はっきりと覚えている。

「今までは清宮君や中村奨成君（広陵〜広島）、安田尚憲君（履正社〜千葉ロッテ）がライバルだったかもしれない。実際に残してきた成績とか甲子園での結果を見ても、今は彼らの方が上だろう。しかし、ここからのライバルは彼らではない。プロで勝負する以上は、年齢が5つも10も上の先輩がライバルになってくるんだ。いつまでも『僕は新人です』と言っていたら、翌年、さらに翌年とどんどん入団してくる新人に飲み込まれていくだろう。そんな厳しい世界で戦うだけの覚悟を持てるのか？」

そんな問いに、村上は迷うことなく「できます」と答えた。私は「だったら『臥薪嘗胆』でやっていこう」と言って、彼の背中を押したのである。

「臥薪嘗胆」とは中国の故事成語で、屈辱や悔しさを忘れず、将来的な成功に向けて苦労を重ね、耐え忍ぶという意味がある。村上の倍以上もホームランを打ち、常に国民の関心を集めていたのが清宮君だ。中村君は村上が出場できなかった２０１７年夏の甲子園で、歴代最多となる１大会６本塁打を放ち、ＰＬ学園時代の清原さんが打ち立てた大記録を塗り替えた。安田君も２年秋に国体と神宮大会で優勝、３年春にはセンバツ準優勝に貢献し、高校通算本塁打も村上を上回る65本を放っている。そして、彼らはいずれも高校日本代表に選出され、国際舞台にも立った。

力的には代表に選ばれてもおかしくはなかった村上だが、彼らとともに日の丸を付けてプレーすることは実現しなかった。結果的にはテレビや雑誌、新聞などでいつも比較され続けてきたライバルに、先行を許す形で高校野球生活を終えてしまうのだ。表面では平静を装っていても、内心は悔しさと屈辱感でいっぱいだったはずだ。

ドラフト直前に、村上が「打撃タイトルはいくつもあるので、タイトル争いをした上で彼らに勝ちたいですね。結果で〝自分が上位だ〟ということを証明したいです。自分のレベルさえ上がれば、充分に可能性はあると思います」と語っている雑誌記事を目にした。村上自身が「臥薪嘗胆」の言葉を肝に銘じているように感じて嬉しくなった。

私は「打点こそがチームに一番貢献できる数字なのだから、まずは打点王を狙おうな」と伝えた。打点王を獲るということは、率が伴っている証で、当然ホームランも打っているということになる。ここぞの場面では、単打や外野フライで打点を取りにいく姿勢も大事になるだろう。また、それが今までもっとも大事にしてきた「チーム愛」を体現する村上の打撃スタイルでもあるのだ。

「好きな球団はどこですか？」と聞かれた時、いつも村上は「12球団です」と答えていた。私が「指名されて入団するところが一番だと思ってやっていかないと、将来はないぞ」と言って聞かせていたからだろう。そして、清宮君のクジを外したヤクルト、巨人、楽天の3球団が〝外れ〟とはいえ1位で村上に入札し、結果的にヤクルトが交渉権獲得のクジを引き当てた。

「良かったな、ヤクルトで！」と、私は彼の肩を叩いた。もし、巨人や楽天が当たりクジを引いていたとしても、決まった球団こそが村上にとって最良の居場所になると喜んでいたに違いない。

歴史的56号誕生の背景にあったもの

プロ入り後の村上は、私の予想をはるかに上回る成長を見せてくれた。〝やってくれるだろう〟とは思っていたが、まさかこの短期間で日本球界を代表する存在にまで上り詰めるとは、正直思ってもみなかった。

ルーキーイヤーの2018年は「4番・サード」として二軍で経験を積み、6月には早くもファーム月間MVPを受賞している。その年の9月16日には初めて一軍に昇格し、即スタメンで出場。2回に初打席初ホームランを放ち、鮮烈なデビューを飾った。なお、これが2000年代生まれの選手による一軍公式戦初ホームランとなった。開幕スタメンを果たしてレギュラーに定着した2年目は、36本塁打でセ・リーグ新人王を受賞。3年目には開幕から4番で全試合に出場し、自身初となる最高出塁率のタイトルを獲得した。ドラフト前の宣言通りに打撃タイトルを獲得したことで、村上はライバルひしめく世代のトップに立ったのである。

２０２１年は東京オリンピックの日本代表に選出され、アメリカとの決勝で一発を放つなどして金メダル獲得に貢献。ペナントレースでも初の本塁打王に輝き、チームのリーグ優勝と日本一を支えシーズンＭＶＰを受賞した。そして、２０２２年。村上は神がかり的な打棒を見せつけ、令和初、そして史上最年少の三冠王に輝き、リーグ連覇の立役者となった。シーズン途中には交流戦ＭＶＰのほか、史上９人目となる２試合連続の満塁アーチ、史上初の５打席連続弾、そして日本人選手として歴代最多のシーズン56本塁打を達成。２年連続のＭＶＰにも輝き、まさに記録と記憶に残る輝かしいシーズンとなったのである。

しかし、最多タイのシーズン55号を打って以降は〝生みの苦しみ〟を味わった。王貞治さんの記録更新まで、残り13試合で１本打てばいいという状況も、その13試合はわずか５安打、ホームラン０と急ブレーキがかかってしまったのだ。その間には首位打者争いで２位の大島洋平選手（中日）に毛単位まで詰め寄られ、三冠王達成も危うい状況にまで追い込まれている。しかし、村上はもう後がないシーズン最終打席で決めた。そんなドラマチックな一発で未知の領域を切り開き、チームメイトと喜び合う村上の姿に、私は思わず胸が熱くなった。

55号を打った後に61打席もホームランが出なかった原因は、いくつか考えられる。ただ、私は次のように思うのだ。

2022年のヤクルトは、シーズン中に高津臣吾監督をはじめ主力選手の多くがコロナ感染で離脱したが、村上は試合に出続けチームを引っ張ってきた。そして〝逃げる立場〟という厳しい状況を乗り越え、ようやくリーグ優勝を達成したのである。したがって、村上自身は優勝した瞬間に、42・195キロを走り切った感覚に陥ったのではないか。村上は「優勝」という最大の目標を達成するために、極度の緊張感とプレッシャーの中でプレーし続けてきた。ところが、フルマラソンで優勝したにも関わらず、表彰が終わってもさらにもうひとレースが残っていた。ようやくプレッシャーから解放されるはずが、もう一度、再スタートを切らなければならなかったのである。

気持ちでは分かっているが、体が付いてこなかった。いざ再スタートを切ってみると〝あれ？　体が前に進んでいかないぞ〟という状態だったに違いない。

逆に、なぜ最終戦の最終打席で56号を打つことができたのか。それは、村上自身がそれまで打ち続けることができた理由を思い出したからではないだろうか。プロ入り前から「チームのため」を優先し、たとえ体がガタガタになっても大事なところで打ち続けてきたのが村上というバッターである。そしてあの56号を打った試合は、チームの大先輩・内川聖一選手、坂口智隆選手、嶋基宏選手の引退試合でもあった。先輩思いの村上は、あの試合中に2度ほど泣いている。いろいろとアドバイスを授けてもらい、可愛がってくれた先輩方がユニフォームを脱ぐ。きっと感謝の気持ちで胸が張り裂けそうになったのだろう。

そういう状況の中でふと蘇ってきたのは、やはり「友喜力」ではなかったか。高校時代も先輩のため、チームメイトのため、チームのためになる場面でこそ結果を残し続けてきた。「危険だからヘッドスライディングはするな」と言っても、大事な場面ではなりふり構わずヘッドスライディングをした。それほどまでに「誰かのために」という責任感、フォアザチームの精神が人一倍強いのである。

リーグ優勝に向けて最大限の「友喜力」を発揮してきた村上だが、目標が自分のための記録狙いになった時から、「友喜力」が薄れかけていたのだろう。それを思い出させてくれたのは、引退していく3人の先輩方だった。やはり「友喜力」が打たせてくれた一発だったと、私は信じている。

世界の中の「村神様」へ

2022年の大活躍によって、村上の名をもじった「村神様」が流行語大賞に輝いた。

たしかに同年のシーズンにおける村上のバットは信じられないぐらいに神がかっていたが、

私自身はあの言葉が好きではない。この言葉自体は村上本人が作ったものではないからだ。「村神様」とは、村上の活躍に魅了されたファンの人たちによって作り出された言葉なのである。だから、本来は村上ではなく、ファンの方々がもらうべき大賞なのだ。

ただ「村神様」の流行は、ファンの期待に村上が応え続けてきた証でもある。今後の成績次第では、村上への期待も無限に大きくなっていくだろう。

そして、2023年3月には、メジャーリーガーも参加する真の野球世界一決定戦「ワールド・ベースボール・クラシック（WBC）」が開催される。1月には侍ジャパン、栗山英樹監督が先行で12人の出場選手を発表したが、その中に大谷翔平投手（エンゼルス）、ダルビッシュ有投手（パドレス）、山本由伸投手（オリックス）らとともに、村上も名を連ねた。侍打線の4番打者としての起用も、どうやら確実視されているようだ。

過去には野茂英雄さんやイチローさん、松井秀喜さん、そして現在は大谷投手などがメジャーリーグという最高峰の舞台で、全力で野球に取り組んできた。ダルビッシュ投手にしてもそうだ。世界のトップで戦う選手は、まったくあぐらをかいていない。トップの選手ほど、手抜きをしないものだ。いや、手抜きをしないからこそ、トップに立っていると言う方が正しいのかもしれない。

そして今回、その大谷投手やダルビッシュ投手が、自ら「WBCに出る！」と名乗りを上げた。本当に凄いことだと思う。そういうトップに立つ選手たちが積極的に行動を起こすのだから、下にいる後輩たちに手を抜いている余裕はないだろう。「日本代表だから」といって、天狗になることなどできないはずだ。

そういう意味では、村上は本当に恵まれている。素晴らしい実績と経験を持った先輩たちに交じって「世界一」という共通の目標に向かって戦っていけるのだから。

2022年のFIFAワールドカップでも、長友佑都選手や吉田麻也選手といったベテランが、一生懸命にチームを鼓舞して若手を盛り上げていた。あんな振る舞いをされたら、下の選手たちは俄然やる気になるだろう。そして、今の若い選手がベテランになった時には、過去の先輩たちと同じように、下の世代に対する良いお手本になっていくはずである。そうした日本人トップの選手が作り出す空気を、真っただ中で味わうことができるのだ。村上自身も、最高の経験を持って帰り、のちの野球界に還元してくれるはずである。

ところで、ロサンゼルスオリンピック柔道男子無差別級の金メダリストで、国民栄誉賞を受賞した山下泰裕は、高校2年まで同じ九州学院で学んだ同級生である。彼は運動神経が抜群で、学業の成績も常に学年トップクラスだった。当時から山下は日本有数の柔道家だったが、偉ぶることはいっさいなく、親しみやすさもあった。私は今でも交流が続く山下を、人として非常に尊敬している。彼が同級生でよかったと、心から胸を張れる存在だ。

村上には山下のような人間になってほしいと願っている。

また「賢さ」という点においては、村上宗隆と末續慎吾というふたりの教え子は非常によく似たところがある。人の言うことに聞く耳を持ちながら、取捨選択も上手い。そういう意味では、世界を相手に戦っていけるだけの資質を、村上も備えていると言えるのかもしれない。

第五章

一芸は身を助く

突出した才能を備えたスペシャリストたち

中体連陸上大会の意義

本職スプリンター顔負けの俊足選手や、鉄壁を誇る守備の達人。あるいは百発百中の成功率を誇るバント職人……。このように、それぞれのジャンルで突出した才能を持った選手のことを、野球界では「一芸選手」と呼ぶ。球速はなくても一糸乱れぬ制球力があれば、それも一芸。あるいは、確率が低くても、ツボにハマればどこまでも飛ばしてしまう圧倒的な長打力も、立派な一芸である。

私はそうした一芸選手の発掘や活用に関して、非常に長けていると言っていただくことが多い。既述の通り、私には「野球は個の集合体で行なうスポーツ」という持論がある。スタメンが9人いれば9通りの「個」があるし、20人のベンチ入りメンバーがいれば、20通りの「個」があるのだ。出塁する者、機動力でチャンスを広げる者、犠打でランナーを進める者、長打を狙う者など、それぞれが独自の特技を活かして様々な役割を担い、遂行していくのが野球の試合である。

そういう考え方に基づいてメンバー編成をしている以上、たしかに一芸選手の存在は目を引くかもしれない。しかし、実際はそういう選手活用法を採用せざるをえない理由もあるのだ。

硬式でプレーしている有望な中学生の多くは、県外の強豪や特待制度を持っている高校に行ってしまう。したがって、特待制度を持たない九州学院には、トータルの技術力が高い選手はなかなか入学してこない。そうなると、足、制球力、飛ばす力など、それぞれに突出した子を獲らざるをえないのである。

そして、中学生の身体能力を把握する上で、とても貴重な場がある。熊本県は中体連の県陸上大会を9月以降に開催していた。他は遅くとも7月の夏休み期間中に開催する県がほとんどで、秋の開催は全国で2県しかなかったらしい。そこには陸上専門の子だけでなく、サッカー部や野球部、バスケットボール部など、本職の大会が終わった体力自慢の中学生が集まってくる。

市や郡の中体連を終えた子たちが、秋の大会に備えて夏休みに短距離やハードル、投てきといった陸上の練習をしているのだ。だから、熊本の中学生は他県の中学生と比べ、トレーニング量も多くこなしてきている。その結果、陸上大会や冬の駅伝大会で活躍した子が、中学時代には経験のない他の運動部から声を掛けられ、競技を転向するケースも多いのである。

秋の県大会開催は、中体連の先生方も本当に大変だったろうと察するが、彼ら中学生を受け入れる側の高校サイドから言わせてもらうと非常にありがたいものがある。

ふたりの〝ドライチ〟

1998年には吉本亮がダイエーから、翌99年には高山久が西武から、それぞれドラフト1位指名を受けた。九州学院のような地方の高校から、2年連続で高卒ドラフト1位の選手が生まれるということ自体、きわめて珍しいと言っていいだろう。しかも、互いに「長打力」という一芸を備えたホームランバッターであった。

吉本は3年夏の甲子園で2打席連続アーチをかけ、高校通算でも66本を積み上げた右の大砲である。長距離打者としてのツボを心得ており、変則ダブルで行なわれた練習試合では、試合またぎで5打席連続弾を放ったこともある。一時は「バットに当たればホームラン」といった具合に手が付けられない状態にあった。

どちらかと言えば、吉本は村上のように、プレーと言葉でチームを引っ張っていくタイプだった。私から「このペラ男が！」と叱られるほど、このふたりは口数が多かった。口数が多いということは「チームを引っ張るワード」もたくさん持っているということだ。決して言いっぱなしになることはなく、結果が付いてくるので、チーム内への影響力は計り知れず大きかった。

1998年の甲子園で吉本を押しのけて4番を打ったのが、2年生の高山だった。吉本と同じ右の強打者で、高校通算は43本。ヘッドを内側に向けて構えていたが、決してスイングが波打つことはなかった。いったんトップが決まると、綺麗に内からバットが出ていく。そのうえ、強靭な背筋力があったため、ギリギリまでボールを呼び込み、軸回転で飛距離を生むことができた。まさに、典型的な〝背筋で打てるバッター〟である。

性格的には口が達者な方ではなく、黙々と自分の行動で示すタイプだ。言葉少なに打席に向かい、バチッと結果を残して帰ってくるバッターだった。また、2年夏はファースト、3年夏はセカンドを守ったが、俊足と強肩も武器としていたため、プロ入り後は外野手へと転向している。

吉本は2009年にヤクルトに移籍し、翌年現役を引退。その後は古巣のソフトバンクに復帰し、2023年シーズンからは一軍打撃コーチを担当する。高山はプロ13年間で通算25本塁打を放ったが、阪神に移籍後の2014年いっぱいで現役を引退した。ユニフォームを脱いだ高山は西武に戻り、九州地区担当スカウトを経て二軍打撃コーチに就任。現在は西武の一軍打撃コーチを務めている。

ふたりの持っていた本来の力からすれば、不本意な現役生活だったかもしれない。それでも彼らの経験と知識が、これから多くの一軍スター選手を育ててくれると信じている。

なお、私の考える現在の打撃理論は、吉本や高山を指導していた時代に形ができたものだ。指導の具体例については、次の章で紹介していこうと思う。

高校野球史上、最速の男

かつて、九州学院には山下翼というスピード自慢の選手がいた。山下は50m5秒68という驚くべき快足の持ち主で、軟式野球部に所属した中学時代には陸上の100mで全国大会にも出場していた。中3時のジュニアオリンピックでは11秒41という100mのベストタイムも記録している。

中学時代の山下が、野球をしているところは見たことがなかった。ただ、入学してきた時から「とんでもなく足が速い」という報告は受けていた。体は大きくはないが、凄く運動能力が高く、三段跳びでも県上位の記録を残していたらしい。

あの足の速さと、スライディングをしてもスピードが落ちない走塁センスはどうしても魅力的で、私は彼の入学に合わせてセンターのレギュラーに抜擢した。バッティングは非力な上に、そのスピードを活かそうとスイッチヒッターに転向させていたので、すぐに計算が立つとも思っていなかった。しかし、上級生や他のメンバーには「夏にはこいつが三塁打性の当たりに追いついて、アウトを取ってくれるようになる。普通のシングルヒットや四球でも、盗塁で二塁打、三塁打にしてくれるようになる。だから〝大丈夫、大丈夫〟と思ってやりなさい」と伝えていた。

山下は高校2年夏に甲子園に出場し、4試合で6盗塁と持ち味を存分に発揮した。翌春センバツとの合計で、甲子園では通算9盗塁をマーク。一部のメディアから「高校野球史上、最速の男」という称号も与えられるほど、そのスピードは群を抜いていた。その後、進学した亜大でも1年春のリーグ戦でいきなり6盗塁するなど、足のスペシャリストとして活躍している。

山下と並ぶ「足の一芸選手」の代表格が、現在は阪神で活躍する島田海吏である。島田も50mを5秒75で駆ける俊足を売りにしていたが、山下ほど器用な子ではなかった。直線的なスピードは抜群だったが、曲線を上手に曲がり切れないタイプで、スピードをロスすることも少なくなかったのだ。しかし、島田は時間をかければかけるほど、実力を伸ばしていく大器晩成型の選手だ。だから私は、育成力に定評のある上武大の谷口英規監督に島田を預けたのだ。

「私は、この子をここまでしか育ててあげることができませんでした。足はあるけど、まだまだスタートも上手くない。スライディングも弱いから、そのあたりをもう一度指導してくれませんか。ただ、バッティングは当てるのは上手だし、いずれ絶対的な選手になっていくと思います」と言って送り出したところ、大学日本代表にも選ばれるほどの選手に大化けしたのである。谷口監督は島田のウイークポイントを埋めただけでなく、さらに強化してプロへと送り出してくれたのだった。

2022年は、島田にとって大きな飛躍のシーズンとなった。8月以降は阪神の1番・センターに定着し、終わってみればキャリア最多の123試合に出場。このままレギュラーの座を不動のものとし、盗塁王のタイトルを争う選手へと成長を遂げてほしい。

「5月連休の壁」を突破した溝脇隼人

山下や村上のように、いずれはチームの主力になってもらいたい選手には、入学早々から積極的にポジションを与え、実戦機会も与えてきた。「徐々に、徐々に」ではなく、いきなりトップの中に組み入れていくのだ。「できるようになったから使う」ということでは、3年夏には間に合わないし、まず高校よりも上のステージではやっていけない。だから、時間をかけて作っていくしかないのである。

しかし、軟式出身者は言うまでもなく、硬式経験者であっても、最初のうちは高校生ピッチャーへの対応に苦しむものだ。投げてくるボールの強さだけでなく、コントロールも変化球のキレも、それまで対戦してきた中学生とは明らかにレベルが違う。だから私は、1年生に対して「5月の連休いっぱい」というリミットを設ける。そして、見逃し以外なら全打席三振でも構わないと思い、起用し続けるのである。しかし、これは究極のたとえ話であり、実際にすべて空振り三振するような者は最初から抜擢もしないが……。

5月の連休を乗り切ることができれば、夏を戦える目途が立ってくる。その前に熱発があったり、怪我をしてしまったりする子は、2か月後の戦力にはならない。そもそも、そこに至るまでに、新入生の生活環境は激変している。知らない先輩や同級生たちに囲まれ、中には慣れない寮生活に苦労している者もいるだろう。春先からそういった独特の緊張感の中で過ごしながら、彼らはレベルの高い試合をこなしてきているのだ。

したがって、連戦続きでもっともハードな5月の連休を乗り切った時点で、彼らは最初の難関をクリアしたと言える。「連休明けまでに結果を出すか」ではない。評価基準は「乗り切れたかどうか」なのだ。その日の試合の結果だけを見ていては、中長期的な選手育成はできないのである。

あの村上ですら、5月の連休を乗り切った後に熱発した。それでも、私が慌てることはなかった。心身ともにもっとも苦しい時期を乗り越えてきたことで、充分に夏を戦っていけるという目途がすでに立っていたからだ。

結果を怖がっていたり、上手に乗り切ろうとしていたりするだけの1年生は、当然使えない。小手先だけで壁を乗り越えたとしても、夏の戦力にはなりえないのである。それなら、夏まではみっちりと基礎トレーニングを積み、秋以降の出番を狙った方がいい。

もちろん、入学したばかりの子をすぐに試合で使うのは、上級生に対して刺激を与えたいという狙いもある。上級生たちもまた、先輩に競り勝ってきた者ばかりだ。したがって、結果的に下級生に押しのけられたとしても文句は言えないだろう。

2010年夏、11年春、12年春と3度の甲子園に出場した溝脇隼人は「圧倒的な守備力」という一芸を備えていた。溝脇自身も「連休の壁」を乗り越え、1年夏からショートのレギュラーを自らの手で掴み取った選手である。

とにかく守備における溝脇の感性は素晴らしかった。出足のスピードや球際の強さに代表される、彼の基本的な守備力は歴代の教え子の中でもトップクラスだ。とくに目を引いたのがポジショニングのセンスである。三遊間の深い位置やセンター前に抜けそうな打球を、溝脇はことごとくアウトに取っていった。

また、そんな溝脇の守備力を引き立てたのが、当時のエースだった大塚尚仁だ。大塚の制球力は百発百中に近く、狙ったところにコントロールできるからこそ、溝脇も大胆なシフトを取ることができた。大塚としても〝ここにこのボールを投げておけば、溝脇が処理してくれる〟という計算があったはずだ。それを可能にする大塚の制球力も、スカウト陣から高く評価されたのである。溝脇は九州学院を卒業後にドラフト5位で中日入りし、大塚もドラフト3位で楽天に入団。大塚の制球力と溝脇の感性が、見事にマッチした結果と言えるだろう。

〝適当ピッチング〟で覚醒した大塚尚仁

中学時代の大塚尚仁は、授業中に怒って教室から飛び出していったりするような子で「高校の引き受け手はない」とまで言われていたらしい。

しかし、初めて彼が練習見学に来た時、私はまったく別の印象を抱いた。まるで、すがるような目で私を見つめてくるのである。凄く純粋そうな目をしているな、と感じたのだ。その時に〝この子はまわりが思っているような悪い子ではない〟と分かった。ただ、まわりの大人から「問題児」のレッテルを貼られ、いじけたまま15歳になってしまったのではないか。しかし、根は悪い人間ではない。「やるか？」と聞いたら、はっきりとした口調で「はい！」と答えた嬉しそうな表情が、今も目に焼き付いている。

高校に入学して間もない頃、まだ寮に空きがなかったために、私の自宅で大塚を預かっていた時期がある。その間、家やグラウンドで何度も会話を重ねたが、大塚の話にはまったく嘘がなかった。夏の大会を目前に控えたある日の練習で「お前はやることをやったら、もう木陰か部室でゆっくり休んでおけ」と言ったところ、大塚が最後のミーティングに姿を現さなかったことがある。ミーティングが終わってしばらくすると、大塚が遠くから駆け寄ってきた。「すみません、先生！ ゆっくりしていたら、寝てしまいました」と平謝りしてくるのである。「そうか。疲れが取れただろう。じゃあ、明日も頑張れ」と言って帰したのだが、そういう時もいっさい言い訳をしなかった。朝練に遅刻してきた時も「先生、すみません！ 寝坊しました」と正直に本当のことを言う。つまり、嘘をつかないのである。

多少、天然が過ぎるところはあったが、学校生活でも授業をサボったことは一度もなく、清掃も手を抜かずに取り組んでくれた。中学時代のうわさは、いったい誰が捏造したものなのか。とにかく、大塚ほど純粋で、素直な子も珍しかった。

ある年の鳥栖との練習試合に大塚を先発させたら、珍しくボールが暴れてコントロールが付かない。これを見かねたのが、大塚の1年時からバッテリーを組んでいた私の次男・宏志朗である。先輩キャッチャーの宏志朗がマウンドに駆け寄り「なんでそんなに一生懸命投げているんだよ。適当でいいんだから」と言うと、急にストライクがビシビシ決まるようになった。試合後には鳥栖の平野監督が「坂井君、今日は宏志朗にやられたよ」と頭を掻いている。「宏志朗が『適当に投げればいい』と言った途端に腕が振れるようになった」と言うのだ。その時に私の中で〝大塚は行ける〟という目途が立ったし、彼への指導方法も確立した気がした。

当初、大塚のカーブは曲がりが大きすぎた。私がベンチから「大塚。小さく、小さく！」と声を掛けると〝この人、何を言っているんだろう？〟みたいな表情でこちらを見ている。「お前は一生懸命投げたら打たれるんだから、普通でいいんだよ！」と言葉を掛けているうちに、カーブやツーシーム、スクリューといった変化球の軌道が、小さく鋭くなっていった。つまり、全球種のキレがアップし、そのすべてを思いのままに操ることができるようになったのだ。それが面白いようにハマっていき、いつの間にやら負けないピッチャーへと成長していたのである。

大塚はバッターとの間が合わなかったり〝これはやられる！〟と感じ取ったりした時には、わざとバックネットに大暴投して〝エスケープ〟できるような子だった。そんな危機回避能力も、持って生まれた芸のうちである。２０１７年に楽天で現役を引退した大塚は、巨人で打撃投手に転向した。かつては「問題児」とまで言われた少年が、球界の盟主・巨人にその制球力を買われ、ＷＢＣにも派遣されるほどの打撃投手となったのだから感無量と言うしかない。

伊勢大夢の１４３キロ

九州学院を卒業した選手は、大学に行って大きく成長するケースも多い。その代表的な選手が、前述の島田であり、現在はＤｅＮＡの中継ぎとして活躍する伊勢大夢だろう。

中学時代の伊勢は軟式野球部でプレーしていたが、肘を痛めていたことで多くの高校が獲得に踏み切れなかったピッチャーだ。しかし、たとえ肘を痛めていたとしても、軟式出身で症状が炎症レベルであれば、私は獲得するようにしていた。むしろ「ウェルカム」だった。なぜなら、肘を痛めている軟式のピッチャーは、肘の使い方が良いから故障してしまうのだ。つまり、軟式でもそれだけ腕が振れているという証しである。体力が備わり、体全体を使ったフォームさえ身に付けば、どこまでも伸びていくと私は考えるのである。

肩の故障でなければ、なんとかなる。そもそも軟式出身の子は、硬式経験者ほど球数も投げていないのだ。こうして私は、躊躇なく伊勢を九州学院に迎え入れたのだった。

高校時代の伊勢は、三者凡退が少ないピッチャーだった。ピシャリと抑えてくるのは9回のうち2、3回あるかないか。ただ、なぜかランナーが二・三塁と得点圏に進むと、スイッチが入って一段階上のピッチングをする。見ているこちらとしてはイライラも募る一方だが、おそらくバッターとの勝負に集中できる状況だとパフォーマンスレベルが一気に上がるのだろう。DeNAではピンチの場面でマウンドに上がることも多いが、むしろ回のアタマから行くより適性が向いているのかもしれない。

性格は非常に優しい人間だが、ちょっとわがままなところがあった。しかし、嫌みのあるわがままではない。やや斜に構えているようなところもあったが、私はそれも良しとした。ピッチャーはあまり野手と協調性を持ってもらっても困る。ピッチャー同士もそうだ。マウンド上では常に孤独なのだから、普段からそういう環境に慣れておかなければならない。だからピッチャーには「集団で走るな。別々に走れ。つるむな！」と言っていた。

2015年のセンバツが終わった後、伊勢は調子を崩した。130キロ台後半が出ていたストレートが、120キロ台しか出なくなってしまったのだ。その後、大阪遠征の際にチームメイトと伊勢が口論を始めた。結構激しいやり取りだったが、私はコーチに「止めるな」と言って存分に口論させた。その時、同級生のひとりが伊勢に「お前、自分のことばかり考えるなよ。チームのために投げるのがエースだろ！」と、泣きながら言ってくれた。伊勢も思うところがあったのだろう。そのあたりから少しずつ変わっていき、夏の大会に入るとどんどん状態を上げていった。

必由館と対戦した3回戦で、相手ピッチャーがいきなり142キロを投げてきた。〝凄いピッチャーがいるな〟と思っていたら、その裏に伊勢がいきなり143キロを投げたのである。現在でこそ150キロ台中盤のストレートを投げているが、この頃はそんなに速いボールを投げていたわけではない。その143キロが、当時の自己最速であった。そして、その守りが終わってベンチに戻ってきた時、私は伊勢に「いいか。今度140キロ台を投げたら本当に代えるからな」と告げた。すると伊勢から余計な力が抜けて、130キロ台中盤でもインコースのボールに相手がボテボテ詰まっていくのである。そして、決勝戦の9回。ツーアウトを取った後に、伊勢は最速タイの143キロを出した。もう代えられることがないからと、完全にスイッチを入れてきたのだ。そして、最後のボールが140キロ。最後の2球は、高校時代のベストと言っていい素晴らしいストレートだった。

伊勢は進学した明大で善波達也監督の指導を受け、ボールの回転数が大幅に向上した。球速も大きく跳ね上がり、抜け球ではない高めのストレートで空振りが取れるようになったのだ。同じく明大に進んだ蒔田稔にも「速い球を投げなくていいから」と言い続けていた。蒔田も伊勢と同様に、大学でボールの質を大きく向上させたことで、最速が150キロを超えてくるようになった。2023年のドラフト上位候補として、さらなる飛躍を期待している。

一芸を伸ばす「末續慎吾コーチ」の存在

2022年ドラフトでDeNAから2位指名された吉野光樹（上武大～トヨタ自動車）で、プロ野球選手となった教え子は14人となった。また、高校日本代表にも4人を送り出すことができた。

彼ら国内トップクラスの選手が、共通して持ち合わせていたものがある。それは「ケタ違いの集中力」だ。注意力が散漫になることはなく、野球の練習に没頭できる。それぐらい、本当に野球が好きな子たちばかりだった。プロに入ったとしても、夜な夜な遊びに出かけてしまうようでは、息の長い選手にはなれない。そのことは私も彼らに言い続けたし、彼らもそれを聞き入れて、肝に銘じてくれていたのだろう。

そんな彼らを育てる上で、教え子の末續慎吾にはずいぶんと助けられた。選手のスピードを上げるためのトレーニングメニューを作ってくれたのは、他でもない末續だ。彼は忙しい時間を縫いながら「正しいフォームで走れたら、絶対に速くなる」と言って、私の頼みを引き受けてくれた。まず、腕の振りが横になることが多い野球選手のランニングフォームの改良に努め、膝を出しながらのスキップなどで、推進力を生む走り方を伝授してくれたのである。また、ハードルで股関節の可動域を広げるなど、その指導は多岐に及んだ。

「股関節の骨盤で走る。そして、骨盤と肩甲骨が一体とならなければならない。野球選手には、歳を取ってくると肩が上がらなくなったり、体全体が動かなくなったりする人が多い。あれは肩甲骨が動かなくなるから。肩甲骨の動きは、骨盤と連動しているのだから、両方を鍛え、動かしてあげないといけない」

「足は蹴るのではなく、出す」

「僕の走り方は〝忍者走り〟と言われるけど、あれは上下運動がないから野球には凄く合っている」

生徒たちは「オリンピックメダリストの末續慎吾先輩だ……」と感激しながら受け止めるので、その指導も素直に入ってくる。私が「先生が聞いてきた話だけど……」と指導するより、何倍もの効果があるだろう。そうした「末續メニュー」のおかげで、九州学院は足のあるチームになっていったし、村上のような大きな選手が50mを6秒台前半で駆けるようになっていったのである。

末續の指導は、いっさいダメ出しをしない。「お、いいね！」という言葉を掛けながら、褒めて伸ばす。また「かけっこ」という言葉を多く用いて、走る楽しさ、速くなることの喜びを教えてくれた。彼は私の教え子ではあるが、その指導は勉強になることばかりだった。末續慎吾は、紛れもなく九州学院の一芸選手たちを育てた指導者のひとりだ。

一芸選手こそ多芸でなければならない

「子供たちの突出した才能を、削ってはいけない」と、私は肝に銘じてきた。むしろ、もっと伸ばしてあげるべきだとも考えた。彼らが持っている大きな才能を、指導者が指導しやすいレベルにまで削ってしまうのは楽なことだ。しかし、その才能をさらに大きくしてやろうと努力することが、指導者のやるべきことだと思うのである。

一方で「一芸は小さな枝に過ぎない」ということも忘れてはいけない。高校の時点で一芸に特化させてしまっては、高校までの選手で終わってしまうだろう。突出したものがあるからこそ、他の部分も伸ばしていかなければならない。その他の部分を磨いていかなければ、肝心の一芸も活きないのだ。

もし、長打という一芸を持った選手が次のステージに上がった時、明らかに実力が上の長距離バッターがいれば、バントを求められることもあるだろう。飛距離という一芸だけでは、代打屋に落ち着くしかない。また、俊足という一芸だけでは、代走屋で終わってしまう。彼らが強い打球で野手の間を抜くようになれば、シングルヒットがツーベースになる。セイフティバントがあるのでサードやファーストが前に出てくる。足があるからと、外野手もだんだん前に出てくるだろう。それだけでヒットゾーンも広がるのだから、より打率も残せるようになるはずだ。こうやって一芸選手は二芸、三芸を作らなければいけない。そして、レギュラーで使っていけばいくほど、彼らの一芸はさらに光を増していくはずである。

逆の考え方をすれば、突出しすぎた一芸があれば、他の部分を強化できる余裕が生まれる。村上は打撃力が突出しすぎていたからこそ、守備や走塁の強化練習に集中できたのである。仮にスキルレベルが平均的な選手であれば、バッティングも守備も、走塁も小技も、満遍なく練習しなければならない。だから「長打力」という一芸に秀でた吉本や高山、村上は他分野の練習ができるぶん、バントをやらせても上手だった。同様に足と守備という一芸があった山下や溝脇は、打撃練習に集中できたのだ。

突出した才能だけを突き詰めていくのが一芸ではない。突出した地点からどんどん枝を広げ、いろいろな葉を付け、より大きく肉付けしていかなければ、選手としてのレベルアップはない。それも、小さな肉付けではなく、たとえ形が不格好だったとしても、どんどん大きくしていった方がいい。一芸を残し、さらに大きなものへと磨き上げながら、より多くのオプションを身に付けさせていくのだ。

肉付けをしていく中で〝これは必要ないな〟と思えば削っていけばいいし、別の新しい分野の可能性を広げてあげればいい。しかし「削る」という作業は指導者が率先して行なうものではなく、生徒自身が考えながらやるべきことだ。もちろん、彼らが選択に困らないよう、指導者は常にいろんな引き出しを用意しておかねばならない。

第六章

九学野球の深層部分

坂井宏安の「野球論」と「打撃論」

終わりの見えない練習は苦しい

この章では打撃を中心とした練習に関する私の考え方や、実際に取り組んできた練習の一例を紹介しながら、野球そのものに対して抱く持論について述べてみたい。

「今日は守備練習をやって、実戦練習から1か所バッティングに移り、ランダウンプレーをやろう。その後にトレーニングと室内でのバント練習に分かれて、最後にベースランニングをやるよ」

このように、私はいつもその日の練習メニューを事前に発表するようにしていた。なぜなら、こうすることで生徒が〝セーブすること〟を覚えていくようになるからだ。要するに、ペース配分が身に付いていくのである。

「終わりの見えない練習」は苦しいものだ。私たちの現役時代は、練習メニューが分からず〝次は何だろう?〟とドキドキしながら、すべての練習に全力で取り組んでいた。だから、最後のメニューまで体力が持たなかった。しかし、体力的にもっとも辛いランニングメニューが最後にあると分かっていれば、生徒なりに計算し、余力を残して他の練習に取り組むことができるだろう。

また「次は1か所（バッティング）をやるから、ピッチャーは肩を作っておけ」と急に言われても、ピッチャーは準備が遅れてしまう。そのピッチャーが1か所で投げることを想定せず、それ以外のメニューをこなしていたなら、いざ「バッターを相手に投げろ」と言われた時点で、もう体力は残っていないかもしれない。

生徒自ら練習のペース配分ができるようになれば、試合にも活きてくる。自分たちで試合の流れを感じ取りながら、生徒自身が試合を組み立てられるようになるのだ。そして「ここは初回。1点をリードされているから」、「まだまだ3点差だから、まずは1点取ろう」、「点を取った後の守りが大事だぞ」、「5回だぞ。大事な中盤戦にどう戦うかだ」、「終盤に入ってきたぞ」といった声が、欲しい場面で自然発生的に出てくるようになる。こうやって試合に繋がる習慣付けを行なっていくのも、練習の大事な目的のひとつである。

先のメニューが分からなければ、ペース配分をしたくとも〝次は何だろう?〟という心境のまま練習に取り組むので、各メニューが不完全燃焼のまま終わってしまうかもしれない。もしくは、最後のメニューを前に体力が尽きてしまうこともあるだろう。また、次のメニューが分かっていれば、ベースやネット、トンボを準備していち早く次の練習に移ることもできる。班分け練習をしているのなら、各組の交代もスムーズに行くはずだ。

そして、全体練習終了を時間で制限するのではなく「ここまでやったら終わり」というポイントを、あらかじめ伝えておくことも忘れてはいけない。結果的に、思ったより早く練習が終わりを迎えたら、そこでその日の練習は終了となる。「早く終わったから、もっとこういう練習をしておこうか」ではなく「お前たちがよくやったから、今日は思ったより早く帰れるぞ」というのが、私のやり方である。

「練習の効率化」と「効果的な練習」

中には同じメニューを全部員で取り組んでいるチームもあるようだ。しかし、野球は9つのポジションに分かれており、ピッチャーは牽制やフィールディング、キャッチャーはワンバウンド捕球や二塁送球というように、それぞれに必要な練習は異なるのである。必要のない練習に全部員を付けて行なうことが、果たして効率的と言えるだろうか。すでに述べたように、野球は個人プレーの集合体である。それぞれに個人練習をやり、最後にそれを繋ぎ合わせるだけでいいのだ。

そして、野球の練習には待ち時間や無駄が多すぎる。いわゆる〝あそび〟の時間帯である。バッティングやシートノックといった練習に加わることもなく、ただ声を出している だけなら、ランナーに付けてランナーの練習をやらせればいい。単に走塁練習だけでなく、スプリント力を上げるトレーニングにもなるのだから。その間にウエートトレーニングを行なっても、空いたスペースでバットを振ってもいい。結果的に、そうすることで全体練習の時短にも繋がるだろう。

「練習の効率化」は必要だが「効果的な練習」はより大事になってくる。ウエートをするといっても、根本的な筋力だけ付けていても意味がない。「振る力を付けたい」というのなら、素振りが一番のウエートトレーニングだ。ウエートで下半身を強化していくのも大事だが、野球は100m走でタイムを出すための競技ではない。バッティングやノックの間に走塁練習をすれば、塁間を速くするためのテクニックも磨くことができるだろう。このように、常に〝ひとつでふたつの練習〟ができる方法を探っていくべきだ。

九州学院では、生徒を5〜6組に分けて練習を行なっていた。そうして、バッティング、走塁、基礎、守備、ウエートなどのメニューを、40分ローテーションで回す。なぜ40分なのかといえば、私は人間の集中力の限界が、40分だと思っているからだ。同じように、私は授業も50分より40分の方がいいと考えてきた。導入やまとめをやらず、中身の40分だけを集中してやれば、より生徒も吸収しやすいのではないか。私の担当だった体育の授業でも、40分の方が怪我の発生も少ないと思う。したがって、ローテーション練習を60分で回すのは「長すぎる」という判断である。

もちろん、練習は長ければいいというものでもない。「ウチは夜の10時まで目いっぱい練習をしています」と言って満足しているのは、監督だけではないだろうか。家に帰ってバットを振るだけの力も残されていなかったら、子供たちは〝はぁ、やっと終わった〟程度にしか思っていないはずである。余力がないということは、考える力すら残されていないということだ。毎日のように余力まで奪われ続けていれば、そのうち彼らは野球が嫌いになってくるだろう。むしろ〝俺はこの程度の練習で大丈夫なのだろうか？〟と思わせた方が、高校生はさらに努力するのではないか。

すべての練習で大事なのは「工夫とアイデア」だ。そして〝これは合わない〟と思ったら、すぐに切り替えることも必要である。迷った時には、原点に立ち戻ってみるのもいいだろう。私はまわりの方々から「見切りが早い」、「切り替えが早い」と言われることも多い。たしかに練習の中で多くの「転換」を繰り返してきたが、ありがたいことに大きな失敗をしたことはない。そこは少しだけ、胸を張らせていただきたい。

年間スケジュールの立て方と休養日の設け方

秋の大会が終われば、熊本県は1年生大会シーズンだ。練習試合の期間も、まだまだ1か月以上は残されている。しかし、私は九州大会が終わった時点から、いっさい試合を行なわなかった。秋にたくさん試合をこなしたとしても、そこからの長いオフ期間に試合勘が薄れていき、春の解禁時点では再びゼロ状態に戻っているのだ。秋に培った〝勘〟が、記憶されずにリセットされてしまうのである。

であれば、11月初旬から冬季練習をスタートさせたい。まだ体を動かしやすい11月に基礎トレーニングを重ねた方が、本当に寒い真冬の時期に体を動かすよりは効率も増すだろう。それに、冬の3か月を使ってみっちり練習していけば、だいたい新シーズンを戦う目途は立つ。そして、1月の土日を使って紅白戦を始め、早い段階から試合勘を取り戻していった方がいい。

夏が終わって新チームがスタートしたら、秋の九州大会でひと区切り。そこから春の大会までがトレーニング中心の冬季期間。そして、春の大会が終わった時点から、夏に向かって最後のチーム作りが始まっていく。私の中のカレンダーは、だいたいこの3期間に分けられている。もちろん、すべては夏から逆算してのものだ。熊本は春の後もRKK旗大会やNHK旗大会といった県レベルの大会がある。そういう公式戦の場も、有効に利用しなければならない。

オフの間は、スイング数や投球数にノルマを課しているわけではないが、バッターなら1日1500本は振っているかもしれない。そのかわり、日によってはいっさいバットを持たなかったり、ピッチャーならいっさいボールを持たなかったりという日もある。もともと、私は月曜日に練習を休ませている。現在は「1週間に一度は休ませなさい」と広く推奨されているが、九州学院はそういう風潮が生まれる前から「1休制」を取り入れてきた。おそらく、九州学院のオフ導入は全国的に見ても早い方だったのではないだろうか。「明日は休みだぞ」と言われれば、その前日には生徒たちがすべてを出し切ってくれる。そこも、ある意味ではメリハリである。ただ、練習を休んだ次の日は、総じて動きが悪いものだ。だから、シーズン中は試合の前日に休ませてはいけない。土日の試合が多いので、月曜日を休養日にするのが、もっとも有効である。

とは言っても、必ずしもオフを「月曜固定」としないのが九州学院。なぜなら、私が天気予報を見て、休養日を設定しているからだ。火曜日に雨が100%降るというのなら、その日を休みにしてしまえばいい。その時は「夏は3連戦だってあるかもしれないのだから、それに備えて月曜日までしっかりやろう。そして、火曜日をオフにする」と事前に伝えておいて、月曜日も練習に変更するのである。野球をはじめ、雨による影響を受けやすいアウトドア競技の監督は「天気を読む力」も必須条件のひとつだと思う。午後から雨が降るというのなら、午前中に実戦をやって、午後からトレーニングに切り替えればいい。私のスマホの中には、いくつもの天気予報アプリがダウンロードされている。

「軸回転」で楽ができるフォームを探れ

吉本や高山の影響もあるのだろう。九州学院といえば、以前から「大型打者を並べた攻撃型のチーム」という印象を持たれがちだが、私自身にはそういったチームを作りたいという意識はなかった。まず「長打＝攻撃型」ではないのである。

だからといって「四死球でもエラーでもいいから出塁しろ」と言うのは違う。単打でもいいから打って出て、機動力を活かしてさらにチャンスを広げる。それが私の中にある理想の「攻撃的スタイル」だ。ホームランを打てるバッターを9人揃えたいとも思ってはいない。その時々で長距離バッターが複数人いる時もあれば、逆にゼロの時もある。また、長打はないが、足の速い選手が揃っているという代もあるだろう。あくまで、目の前にある素材を活かして野球をする。ある意味、賄い料理みたいなものだ。

しかし〝坂井の考えるバッティングとは、こういうものだ〟という持論はある。私は打撃指導するにあたり「無意識のうちに、自分に合ったフォームで打つ」ということを重要視してきた。つまり、本能的に楽をしながら打つことができるフォーム、無駄をなくすバッティングをいかに作っていくかを考えるのだ。

それを可能にするためにも大事になってくるのは「軸」である。それも「軸回転のスピード」を一番に考えたい。軸回転が速ければ、強いエネルギーが生まれる。体軸の中心点は、頭のてっぺんから真っすぐに降ろしてきた時に、ヘソの下にあるべきだ。ヘソより上に行けば行くほど、体に余計な力が入ってしまい、効率の良い回転を生むことができなくなる。正しく、強い軸回転を作り出すことができれば、体の小さな子でもスタンドに放り込むことが可能となるだろう。

かつて指導に携わってきた柔道も、空手も、バドミントンも、原理は同じだった。体の軸が安定しなければ、良い投げも突きも、スマッシュも打てない。ピッチャーも軸があるからリリースポイントが安定する。つまり、体幹がしっかりしていないと、良い回転は生まれないのである。フィギュアスケートのスピンもそうだ。軸がしっかりしていなければ、ジャンプもスピンも乱れて転倒に繋がってしまうのだ。

バットを長く持てば、遠くに飛ばせるわけではない。短く持ったからといって、飛距離が出ないわけでもない。ただし、最速のヘッドスピードを生み出すためには、どういうバットが自分に一番適しているのか。自分がもっとも振りやすい長さは？　重さは？　いろいろと手に取り、スイングを重ねながら、最終的には〝振られるバット〟ではなく〝振れるバット〟を探り出すことだ。そのポイントを見いだし、アドバイスを送ること。それが、バッティングを指導する上での初歩だと私は考えている。

すべての運動に共通して言えるのは、バランスの大事さである。自身を最大限に活かすことのできるバランスを身に付けることが、一番必要なのだ。

相手投手に100球以上投げさせるな！

無駄のないフォームで打つこと。軸回転で打つこと。それらは吉本や高山を指導しながら得たものであり、村上を含めたその後の選手育成にも存分に活かしていった。

そして、バッターは良いボールを待つのではなく、すべて打つ気で打席に入ることが大事になってくる。村上を見ていると「自分自身で身に付けた配球の読みと感性の中で、すべてが打てるボールだと思っています。それでも手を出していない時は、シンプルにそれが打てないボールだからです」と考えながら打席に立っているのではないかと思う。

「失投しか待っていない」と言っていては、好結果など望むべくもない。最初から失投を投げようなどと考えるピッチャーは、ひとりもいないのだ。ピッチャーはバッターを打ち取るためのベストなボールをチョイスして挑んでくるのだから、バッターがすべてのボールを打つ気でいなければ、最初から勝負にはならないだろう。そのあたりの考え方も、吉本や高山の指導を通して再認識させられた部分だ。

私たちの現役時代は、高校も大学も「じっくり見ていけ」、「相手ピッチャーに球数を放らせろ」という野球が当たり前だった。しかし、九州学院では「打てるボールを打てよ」、「どんどんファーストストライクから打っていけ」というスタイルを貫いてきた。2ストライクに追い込まれたら、バッティング自体が難しくなる。1球のストライクで仕留めるなど、とくに高校生には難度の高い技術だ。それを分かっていながら、難しい状況に自らを追い込む必要はないのである。

私は「ベースの上に来るボールがストライクなんだから、ミットに通すな」と言い続けてきた。ストライクゾーンに来たボールを素通りさせてはいけない。とにかくファーストストライクは打たねばならない。同様のことを、興南の我喜屋優監督が仰っていたが、まさに正論だと思う。相手も探り探り来ている中、こちらが慎重に構えてしまっては、試合が膠着してしまうのは目に見えている。9イニング、3打席という少ないチャンスしかないのだから、バッターは最初からどんどん勝負していくべきだ。

戦略として「相手ピッチャーに球数を放らせろ」と言う監督もいるだろう。しかし、私は逆に「相手ピッチャーに100球以上は投げさせるな」と指示してきた。打って、打って、試合序盤から波状攻撃をかけていけば、5、6回で試合を終わらせることができるかもしれない。少なくともその通りに試合が展開しているなら、その時点で味方は6、7点ぐらい取っているはずなのだ。こういう考えで試合をしているから、九州学院は9回まで行っても2時間弱の試合が多いのである。

普段からそういう積極的な野球を展開しているからこそ、試合の中で一番大事なサインは「待て」だと思っている。たとえば、アップアップしている相手ピッチャーに対していろんな仕掛けを考えている時に、初球から手を出されてしまっては元も子もない。「待て」のサインを出すべき場面で判断が遅れ、バッターが打っていって試合の流れを壊してしまう。そんなことが、野球では頻繁に起こりうるのだ。私自身〝待たせておけばよかった〟

と悔やんだ経験は、一度や二度ではない。「どうしてそんなボールに手を出すんだ」と言ったところで、それはサインを出す側に問題があるのだ。ただし、そういう場面を除き「待て」のサイン以外は、すべて「打て」である。つまり「待て」が出る時は、試合の中の重要な局面に他ならない。

時々、相手ピッチャーに球数を投げさせようとしているのか、とにかくファウルを打ち続ける選手を見かける。たしかに何球も続けてファウルを打ち続けられる技術は大したものだが、あれも試合時間が長引くだけで、素直に評価していいものかどうか。評判のレストランに行けば「メインディッシュを最初に持ってきて」と言う私の性格からしても〝徐々に、徐々に〟というのは、やはり性に合わないらしい。

「全力」と「脱力」が入れ替わるタイミング

ただバットに当てに行くだけのバッティングは、バッティングではない。前から来たボールに対してバットをしっかり振り切り、打ち返した時に初めて「バッティング」と言える。バットに当てるだけでいいなら、右バッターは左手一本、左バッターは右手一本だけで用が足りることになる。ただ、それではボールが前には飛ばない。遠くへ飛ばそうと思ったら押す力が必要になってくるので、右バッターなら右手、左バッターなら左手で力を伝えなければならない。ただ当てに行って、ポテンヒットを狙うバッティングは難しい。それよりも芯で捉えてヒットにする方が、よほど確率は高いはずである。

そもそも私は〝当て逃げ〟が嫌いである。山下や島田ら俊足の選手たちも、最初から内野安打狙いの当てに行くバッティングはしなかったし、させなかった。そんなバッティングで出塁できたとしても、果たしてその子たちの野球人生に将来はあるのだろうか。単に足を活かすためだけに〝当て逃げ〟を指導している人は、最初からその子たちが高校で野球を終えるとでも思って指導しているのか。チャンスがあるなら、面と向かって「高校で勝つためだけの選手を育ててどうするのか」と言いたいぐらいだ。

だから九州学院の「打つ野球」とは、率を上げるためだけの野球ではない。小さな左バッターであっても、ボテボテのゴロで三遊間の深い位置に転がすのではなく、レフト前に強く抜ける打球を打てるように練習する。ホームランは打てなくとも、レフト線や左中間、右中間をライナーで抜ける打球が打てるように鍛えていくのである。当てに行くだけのバッターは、せいぜい打率も1割台がいいところではないか。九州学院のように「本気で甲子園を目指したい」、「大学やプロを目指したい」というロマンを持った選手ばかりのチームでは、当てるだけのバッターはまず通用しないのだ。

フリーバッティングでは、あえて新球を卸す時がある。子供たちは新球だ、古いボールだとか、そんなことはあまり考えていないようだが、新球は想像以上に打球が飛ぶので、彼らは喜びに満ちた表情でバットを振っている。中には〝え、自分にはこんな力があったの?〟と勘違いする者がいるかもしれない。しかし、こちらがそういう錯覚が起きるように仕向けているのだから、それはそれで構わない。「ボールを遠くに飛ばす喜び」は、バッターなら何物にも代えがたい最高の感覚だ。それを植え付けさせたいのである。

同時に、子供たちには「パワーがあるから打球を遠くに飛ばせるわけではない」ということを理解してほしい。力持ちが一番打球を飛ばせるというのなら、力士やウエイトリフティングの選手にはかなわない。打球を飛ばすために必要なのは、コンパクトなスイングとタイミングなのである。

全力で振ったからといって、打球が飛んでいくわけではない。脱力(アドレス)から全力(インパクト)というように、力のオンとオフを上手く入れ替えながらスイングしなければ、飛距離は生まれないのだ。この全力と脱力が入れ替わるタイミングを掴むためには、連続ティーや連続スイングが有効で、これを繰り返していくうちに体は〝楽〟を覚えてくる。そうやって体に記憶させていきながら、楽にスイングできるポイントに気づいたとしたら、そこが全力と脱力が入れ替わるタイミングと考えればいい。

このように、私は「体に記憶させる」という言葉を大事にしながら指導を続けてきた。理論では分かっていても、体が覚えていなければ実践はできない。だから、室内練習場に大きな鏡を置いて、自分の姿を見ながらスイングをする。頭でっかちになるのは良くないが、体に記憶させる意味でも「自分の姿を確認しながらの練習」は、絶対に必要である。

また、軟式出身はバットコントロールに優れた者が多い。なぜなら、中学時代から身の丈に合ったバットを振ってきているからだ。硬式出身は高校に近い重さのバットをすでに振ってきているが、上半身に本当の強さがなければ綺麗にバットを振り抜くことができない。一方、軟式のバットは軽量なので、上体の強さがなくてもスイングに癖が少ないのである。だから、軟式出身の子供たちに体の強さが備わってくると、彼らはたちまち大きな戦力になってくるのだ。

九学打線を作る「ブロック」と「オリジナルバット」

体の軸を作るために、取り組んでいた練習がある。踏み込む方の足をブロックの上に乗せたまま、バットを振らせるのだ。これは素振りだけではなく、ティーバッティングにも取り入れていた。この練習は軸作りであると同時に、前へ突っ込む悪癖の矯正でもある。

右打者なら左の爪先が地面に着き、かかとが着地する。そして、かかとが着いた瞬間に、右足を内側（前方）へ送り込むことでパワーが発生するのである。そこに右手の押し込みが加われば、打球に飛距離が生まれる。よく「壁ができている」という言葉を耳にするが、左腿の部分で壁を作るというのは簡単なことではない。プロに行くような子は、当たり前のようにそれができるだろうが、私たちは普通の高校生を指導していかないといけない。だからこそ、ブロックの上に前足を置いてスイングを反復させながら、入念な基礎作りを行なってきたのだ。

練習時には1200gのバットから、ノックバットのような軽いものまで、数種類を用いていた。重いバットはリストを強くしたり、前腕を強くしたりするのに必要なアイテムだ。また、二重グリップエンドのバットもある。これは通常のグリップエンドよりも20センチほど上に、もうひとつのグリップエンドを付けたバットだ。スイング時にヘッドが落ちてしまえば、グリップ部分が肘や腹に当たってしまう。したがって、このバットはドアスイングの矯正に適している。

正しいスイングを体に覚えさせる、記憶させるためには軽量バットが良い。軽量ゆえに、単純にバットコントロールしやすいので、自分がイメージした通りのスイングができる。これらのバットは二重グリップも含めて、熊本のバット屋さんに依頼して作ってもらった、オーダーメイドのバットである。素材は竹で、実打も可能という優れものだ。

スイングに必要なのは、瞬発力と持久力、パワーである。その3点をバランスよく強化していかないと、スイングは崩れてしまう。重いバットばかり振っていては、鈍い振りが染みついてしまい、スイングスピードが落ちる。したがって、ヘッドスピードの速い軽量バットでヘッドを走らせる感覚を身に付けつつ、バランスを整えていかなければいけない。

速すぎるマシンは打たせない

マシン打撃についても、私なりの考えがある。マシン打撃では、対ピッチャーとの〝間〟が取れない。マシンは投球間隔が一定すぎるため、本来ピッチャーとバッターの間にあるべき〝間〟が摑みにくいのだ。だから、マシンを打つ時は投本間18・44mの後ろにマシンを置くといい。その方が、バッターはより実戦に近い間を作って、打席に立つことができるだろう。

また、私は速すぎるマシンを打たせてこなかった。もともと投球間隔に間がない中で、超高速のボールをただ打ち返すということに、果たしてどんな意味があるというのか。であれば、13mほどの距離から手投げによる120キロのボールを打ち返した方が、効果はあると思っている。この方が、実際の試合のようにコントロールも一定ではないし、バッターも投球間の間を作りやすいはずだ。もちろん、実際より5m手前からなので、体感速度も20キロ以上は速くなるだろう。

九州学院はアーム式マシンが多い。中央から弾き出されるタイプよりも、実際のピッチャーの角度に近い軌道を再現してくれるからだ。そのうえ、マシンをプレートの一塁側寄りに設定してみたり、三塁側寄りに設定したりしながら、角度のある左ピッチャーのストレートや右ピッチャーが投げるアウトコースへのボールを再現するのである。マシンにも右投げ、左投げはあるが、ほとんどのチームはプレートの中央付近にマシンを設置しているのではないか。しかし、プレートの中央から投げてくるピッチャー、あるいはその真上にリリースポイントを置いているピッチャーは少ないので、やはりプレートを広く使って角度を付けた方が効果は大きい。

また、マシンは専用の台の上に設置する。実際ピッチャーのリリース位置は、アームマシンよりも上にあるからだ。カーブマシンもあるが、目的はただ慣れさせるため。やはり変化球は人が投げたものを打った方がいい。同じカーブでも、質や軌道は千差万別なのだから。

打撃解体とスイッチヒッター転向

なかなか結果が出ない選手は、思い切って一度解体してしまえばいい。まったく手が届かないような、とんでもないボールにもどんどん手を出すように指示し、バッティング自体を壊してしまうのだ。そういう状態のバッターは、得てして小さく縮こまってしまっていることが多い。自分自身で〝ここを打たなきゃ〟、〝ここが崩れている〟と考えすぎるあまり、気持ちが小さくなってしまっている。つまり、その状態から解放させようというのが一番の狙いである。

もっと極端なやり方もある。スイッチヒッターに転向させれば、まったく癖のない〝ゼロの状態〟に戻すことができる。癖を直す作業の方がはるかに大変なのだから、いっそ癖のないところから始めてしまえばいいのだ。実際に、振る回数を重ねれば重ねるほど、バットで捉えられるようになってくるのだから、転向自体を心配することはない。

そして、ここでも「来たボールをすべて打て」と言う。「ワンバウンドだろうが、体に当たろうが、手を出しても届かないボールが来ようが、すべて打て」と。とにかく前から来るボールはすべて打つ。だから、そういう時のピッチャーはむしろコントロールが悪い子の方がいい。そうやってバットを振っていくうちに、ヒントを得ることもあるだろう。

バッターをスイッチに転向させたい時、もしくは右バッターを左に転向させたい時に、覚えておいていただきたいチェックポイントがある。

これはあくまで私の中の判断基準に過ぎないが、初めて左打席に立った時、インコースのボールに対して胸をピッチャー側に開きながら逃げる子は、まずスイッチヒッターには向いていない。逆にキャッチャー側に体を捻って避ける子であれば、やればやるほどモノになっていく。慣れない打席の中で、どの程度の恐怖感を抱いているのか。ボールの見方や向かっていく姿勢はどうなのか。それらを測る上でも、最初の打席は注意深く観察してほしい。

新日本石油（ＥＮＥＯＳ）でも活躍した千代永大輔も高校でスイッチに転向したバッターだが、最初の見逃し方が素晴らしかった。初めて左打席に立った山下翼や川野涼汰（西武）も、ピッチャーに胸を開くことはなかった。彼らは結果が出ないから解体したのではなく、あくまで持ち味を活かすための転向だったが、結果的には大正解だった。２００２

年春の甲子園初戦、千代永は左打席でホームランを打ち、次戦でも右打席からあわやオーバーフェンスの大飛球を放っている。私は監督時代に「甲子園で左右両打席ホームランを打つスイッチヒッターを育てる」という目標があった。千代永はもう少しで甲子園史上、左右ともにホームランを打った最初のバッターになるところだっただけに、思い出すと今でも悔しさが込み上げてくる。しかも、もともと右バッターだった千代永が、先に左で打っていたのだから、なんとも逃した魚は大きなものだった。

スイッチヒッターに転向した者は、練習で左右同じ数を打たせる。最終的には本人が人の倍やるだけの覚悟があるか、ないのかが転向の成否を分けることになるだろう。

ちなみに、あの村上にも一度「右で打ってみな」と言って、右打席に立たせたことがある。しかし、フォームがあまりに汚かったために「あ、もういいよ」と、即座に撤回した。

「音で振る」で復活した萩原英之

九州学院では数多くの教え子を育ててきたが、萩原英之はとくに印象に残っている生徒のひとりだ。萩原は九州学院中学校の軟式野球部出身で、中学時代に30本ものホームランを打ち、大きな注目を集めた左の大砲だった。

大塚や溝脇らとともに高校に入学してくると、私は萩原を即4番に抜擢した。その年の夏は甲子園にも出場し、4割超の打率でチームの8強入りに貢献してくれたが、何といってもハイライトは3回戦の鹿児島実戦で放ったホームランだろう。高校野球界の伝説的バッターである、あの清原和博さん（PL学園）以来の「1年生4番弾」ということで、非常に大きなインパクトを甲子園に残したのだった。しかも、相手はのちに西武で活躍する好左腕・野田昇吾投手（現・ボートレーサー）だったことも、あの一発の価値を高める要因にもなった。

しかし、その後は売りにしていたバッティング面で、苦しむ日々が続いてしまう。彼本来の力を考えれば、満足のいく結果を残せなかったという思いはあるだろう。もともと持っている技術力は高かったが、ちょっと頑張りすぎた部分もあったかもしれない。

萩原は引っ張り傾向の強いバッターだったので、上体が開いてしまうことも多かった。また、力みすぎるとアウトステップしてしまうため、引っかけたような打球が増えていく。だから私は「そんなに振り回さなくても、7分、8分の力で充分スタンドインするよ」と声を掛け続けたが、肝心なところで力が入りすぎてしまうので、ミートポイントが狂ってしまったのである。

逆に踏み込んでいけば、引っかけのスイングではなく上手く払えるようになるので、強い打球を打つことができる。他の選手よりも強靭な上体の強さを活かし、そのパワーをロスすることなくボールに伝えることもできるのだ。私は萩原に「踏み込んでいく勇気」を根気強く説いていった。

また、萩原のインパクトは直線的で、いわゆる〝衝突系〟の打球を打つバッターだったため「優しく打つ」、「柔らかく打つ」というテクニックを習得するのに、ずいぶんと時間を要してしまった。彼のような長距離打者にはありがちなのだが、フルスイングの定義を誤解していたところもあった。１００％で目いっぱい振ることをフルスイングだと解釈していたのだ。

私は「音で振れ」と言い続けた。〝ブォーン！〟という大きなスイング音を〝ブンッ！〟というコンパクトな音に変える。そうやって、瞬間出力を上げるスイングをしようと指導したのだ。音を感じて振るというのは、九州学院ではよくやっていたことだ。音は小さければ小さいほどいい。音が大きいということは、それだけ前後に力の放出域が広いということだ。逆に音が小さければ、一瞬で最大の力を放出できているということである。だから〝ブォーン！〟よりも〝ブンッ！〟の方がいい。

強く踏み込みながら最大瞬間出力を開放し、インサイドアウトで逆方向に持っていく。

そんな萩原本来のバッティングが発揮された、印象的なホームランがある。1年秋の九州大会で、唐津商・北方悠誠投手から打ったレフトスタンドへの一発だ。翌年のドラフトで横浜（現DeNA）から1位指名された右の本格派を攻略したひと振りは、甲子園での一発に並ぶ高校時代のベストホームランだったと言っていいかもしれない。

2年春の甲子園では7打数ノーヒットに終わったが、3年春には8打数4安打と復調。最後の夏は甲子園に届かなかったが、熊本大会でホームラン2本を放つなど見事な復活を遂げてくれた。高校通算30発の記録を残して九州学院を卒業して明大に進学した萩原は、右手首の骨折などに苦しむも、学生最終シーズンの4年秋にベストナインを受賞。その後は社会人野球のヤマハで、2021年までプレーを続けた。

2、3番バッター最強論

私が打線の中でとくに重要視しているのが1番、2番、3番、5番バッターであり、それぞれに求めているものも明確だ。1番バッターは出塁率、2番は打って広げるチャンスメイカー、3番は打点力、5番にはしぶとさである。

九州学院では、一番信頼のおけるバッターを3番に置いてきた。吉本や村上も、最終的には3番を打った。萩原もそうだった。やはりチームでナンバーワンのバッターは初回の打席に立たせたい。したがって、私の中では2番、3番が打線の中で最強と位置付けていたのだ。溝脇も最初は2番に置いた。彼は打ってチャンスを広げてくれる攻撃型2番としては最高の存在だった。ただ送るだけの2番では、初回にビッグイニングは作れないのである。村上の代も、のちに日大へと進んだ田上将太という一発のあるバッターを2番に置いていた。あの時もバントのサインはほとんど出していない。バントが決まったとしても、村上が歩かされてしまうと分かりきっていたからだ。

4番はバントでもエンドランでも、なんでもこなせる器用さを持った者が望ましい。いわゆる〝繋ぎの4番〟でいい。ただ、大事なところで外野フライを打ってくれるだけの勝負強さは持ち合わせていてほしい。5番には、しぶとくエンドランにも対応できるバッターが理想だ。だから、5、6番が充実している時のチームは強い。この打順に多くの打点が付くチームは、得点力が非常に高いはずである。

もちろん、下位打線を軽視してはいけない。たとえば打力の弱い選手を7、8、9番に並べてしまえば、9回トータルで考えたら3イニングぶんの攻撃チャンスを潰すことになる。つまり、6イニングで勝負しなければならなくなるのだ。仮に打力に乏しいバッターがひとりだけだったとしても、3つのアウトを簡単に相手に渡してしまうこととなり、試合全体を考えれば8イニングで攻めなければならない。高校野球の場合はピッチャーも打席に立つので、たとえ投手であっても役割を持って打席に立たなくてはいけないのである。

また「5、6番の強打者にヒットが出ずに下位打線へ」という流れになると、相手ピッチャーがホッとひと息ついていることがある。そうなれば、下位を打つピッチャーなどにもヒットが生まれる可能性が高くなるので、チャンスが広がった状態で1番バッターへ繋ぐという状況も作りやすいだろう。

このように、最初に求めている役割は打順ごとにはっきりしているが、試合が動き始めれば役割もどんどん変わってくる。前の回の攻撃が8番で終わっていたとするなら、今度は9番が1番の役割をこなさなければいけない。そういう意味では、スタメンとはあくまで試合の入りだけを意識した並びと言うこともできるだろう。少なくともスタメン出場する選手たちには、刻々と変化する試合の中の役割に対応できる順応性を求めたい。

根強くはびこる間違った解釈

山下は、出塁すれば100%に近い確率で盗塁を成功させてくれた。山下や島田といった俊足選手に対して言っていたのは「とにかくリードを取れ」ということだった。大会前まで、私は牽制でアウトになっても怒りはしない。いちいち怒っていると、選手がリードを取らなくなってしまうからである。

また、スピード自慢の俊足選手ほど、ひとつの盗塁失敗でスランプに陥ることがある。高校時代の山下も「走塁にはスランプはないと言われるけど、絶対にあります。自分もたった一度の盗塁失敗で〝走塁イップス〟になったことがあり、スタートが切れなくなりました」と語っていたほどだ。彼らも最初から失敗しようと思ってスタートを切っているわけではない。だから、ひとつの失敗に対していちいち目くじらを立てていては、彼らの持っている才能も活きてこないし、伸ばすこともできない。

バントも〝失敗しないように、失敗しないように〟と思っていると、失敗を招きやすい。ようは考え方ひとつで、違った結果が生まれるのである。

そもそも、送りバントの失敗は、ストライクバントをしようとするから起きてしまうのだ。送りバントではバッターランナーが生き残る必要はなく、塁上のランナーを進めてくれさえすればいい。ところが、失敗する選手は送りバントではなく、ストライクバントをしようとする。とてつもないボール球以外は、やれる範囲のボールでバントしなければいけない。たとえボール球であっても、成功しやすいボールであれば、バントをすればいいのだ。

そこの解釈を間違えているから、ランナーの飛び出しが起きてしまうのである。ストライクゾーンに来ないからとバッターがバットを引いて、飛び出したランナーがキャッチャーからの送球で刺されてしまうというシーンを、最近の甲子園では多く見かけるはずだ。

間違った解釈ということでいえば、もうひとつ付け加えておきたい。打席のバッターには「高めには手を出すなよ」と言うのに、ピッチャーには「低めに投げろ」と言う監督は少なくない。しかし、これは言葉のチョイスを間違っている。低めにコントロールしたいピッチャーにとって、高めに行ってしまうボールとは、抜けてしまった失投である。バッターはむしろ、その失投を狙わない手はないのではないか。高めの失投を打ってはいけない、ということは「低めのベストボールを狙え」ということなのか？

だから、本来の「高めを振るな」とは「ここは力のある高めのボールで、空振りを取りに来る」という場面で使用すべき言葉でなければならない。

第七章

新時代の野球界へ

高校野球、進化への提言

高野連は柔軟な組織だ

私は野球部員への指導を通じて、高校野球界、いや、野球界全体を良いものにしていくにはどうしたらいいのかを、常々考えてきた。一般の方々から理解を得ながら「やっぱり野球はいいよな」と思っていただくにはどうしたらいいのか。そのためのアイデアは、無数にある。また、ユニフォームを脱いだ今だからこそ、言えることもあると思っている。

一方、陣頭指揮を離れたことで、野球界ならではの良さ、高校野球が支持される理由について見えてきた部分もある。ここでは、私たちが次の世代の野球人たちに「より良い野球界」を託すため、今考えねばならないことを提言させていただきたい。

まず、何かにつけて批判の的に晒されることが多い、日本高野連についてである。

「高野連は厳しすぎる」、「頭が固い」という世間の声があるのは、紛れもない事実だ。世の中の人が、何かにつけて高校野球を問題視したがるのは、あまりに露出度が高すぎるせいもあるだろう。しかし、地球温暖化による夏の猛暑が叫ばれ「こんな中で野球をやっている場合か」と世論が湧いた時も、高野連は水分補給タイムを設けたり、試合開始時間を遅らせたりと、素早く手を打ってきている。

また、甲子園大会が始まると、毎年のようにピッチャーの投球過多が問題視されるが、そのたびに日本高野連は、球数制限ルールを設定したり、タイブレークを採用したりと、生徒の健康を守るための新しい施策を次々に打ち出してきた。騒ぎ立てている方々は、そういうことをご存じないのだろうか、と言いたい。現在は2024年春に採用される飛ばないバットの導入に向けて、準備してくれている最中だ。

ただ、世論の高まりがルール改定に突き動かすケースもあるので、世の中の問題提起には感謝しなければならない部分もある。しかし、高野連とは、世の中が思っている以上に柔軟な組織なのである。

「厳しすぎる」という声に対しても、ひと言申し上げておきたい。高野連が厳格だからこそ、高校野球をやっている生徒は、みなさんから一目置かれている部分もあると思う。連盟は学生野球の憲法といわれる「日本学生野球憲章」にのっとり、生徒や学生野球の健全な発達を主導している。その結果、生徒は日本人らしい節度のある行動を学び、実践することで、国民から高い支持を得てきたのである。

全国から高い関心を集め、一般的に考えれば大きなビジネスチャンスであるはずの春夏の甲子園大会ですら、放映権料を取ることはない。知らない人は「営利目的の集団」と揶揄しているようだが、決してそのような団体ではないのだ。また、日本高野連の会長さんや役員の方々が、まったくＶＩＰな風を吹かせていない点も高校野球ならではかもしれない。甲子園の大会期間中も、他のお客さんに交じって阪神電車で球場に通勤している。朝早くから人でごった返している阪神梅田駅のホームで、役員用のポロシャツを着て普通に電車待ちをしている高野連の先生方を目にしたことがある人も多いはずである。他の競技団体では、会長さんが到着すると先を争って接待に走り回っている人を見かけたりもする。それに比べたら、いたって健全と言っていい。

高野連が厳格だから守られている部分がある一方で、ちょっと厳格すぎるなと感じる部分もある。

日本の高校野球はユニフォームにコマーシャルが付かないのに、侍ジャパンではU－18（高校日本代表）のユニフォームにスポンサーロゴが入っているのはなぜだろう。侍ジャパンは選手だけでなく、監督やコーチ陣も高野連に所属している現役の方ばかりなのに。個人的には、大会やチーム、高校野球そのものを支えてくださっているメーカーのロゴを、小さく入れることぐらいは許可してもいいのではないかと思う。

「時短追求」に潜む事故や故障のリスク

審判員の中には、はっきりと「私たちが高校生を厳しく育てている」と言う方もいらっしゃるが、そういう声にはちょっと首を傾げたくなる。審判員は正しくジャッジするのが最大の役目であり、生徒を育てるのは私たち現場の指導者だ。

試合中に「急げ、急げ」と急かさずとも、ダラダラしている者など誰ひとりとしてベンチにはいない。もし、緩慢な生徒がいて試合の進行に支障を来たすというのなら、野球部の部長さんに「こういうところはちょっとマズいから、もう少しスピーディーにお願いします」と伝えればいいのである。

中には恫喝に近い物の言い方をする人もいる。過去の九州大会で「おい、急げ！」、「早くしろ！」と、命令に近い口調で喚き散らしている人がいた。私はベンチの中でしばらく我慢していたが、あまりに聞き苦しいので「おい、急かすな！　こっちは急いでいるんだよ。あなたは生徒を慌てさせているだけじゃないか！」と、ついに怒鳴り返してしまった。

〝ちょっと大人げなかったな〟と思う部分もあるが、生徒を守るためには当然の反論だという自負の方が強い。審判員は生徒の担任でもなければ、監督でもないのだ。それ以来、審判の方はこちらのベンチに近づいて来なくなった。なぜ「慌てなくていいから、素早く行動しようね」といった言い方ができないのだろうか。

私のような教育者の立場からすると、ただ慌てさせることは教育ではない。急かされたキャッチャーが、プロテクターのホックひとつ付け忘れたために、事故が起きては元も子もないのだ。また〝間〟のある野球というスポーツにおいて、その間を「時間短縮」と言って削ってしまうだけでは、生徒が体を休ませる時間もなくなってしまう。とくにピッチャーの負担軽減が叫ばれる現状の中で、投球間隔やイニング間に息つく時間がなくなってしまえば、故障に繋がる危険性も大きくなるだろう。試合をきっちり2時間以内に収めることだけが、決して上手い審判の条件ではないのではないか。

もちろん、中にはこちらが惚れ惚れするような名審判もいらっしゃる。絶妙な声の掛け方で、生徒のやる気を奮い立たせてくれる方も少なくはない。ただ、わずか2年半しかない時間を一生懸命になって取り組んでいる生徒のためにも、改善すべき点はもっと改善していただきたいと願う。実際にそういう意見を持った指導者は、案外多いはずである。より良い高校野球界にしていくためには、もっと審判部側と指導者側とで議論する機会があってもいいのかもしれない。

ピッチャーの限界を知れ

２０２０年のセンバツから、ひとりのピッチャーが1週間で投球可能な球数の総数が「５００球以内」というルールが設けられた。ただ、世間には「これだけでは不充分」といった意見が根強く「1試合１００球以内に制限するべきだ」という声が日増しに高まっている。２０１８年には新潟県高野連が独自に「1試合１００球制限」の実施を発表した。これは日本高野連が有識者会議の設置を条件に実現しなかったが、こうした声はこれからさらに大きくなっていくだろう。

私自身は球数制限に反対とか賛成とかいう以前に、賛成する根拠も反対する根拠も説明できないような人が、指導の現場に立つのはいかがなものかと思うのである。ただ「１００球に達したので終わります」と言うだけの指導者では話にならない。

なぜ１００球以上投げてはいけないのか。１００球以上投げた時に、そのピッチャーはどうなるのか。それらを、本当に理解した上でルールに従っているのか。

現場の指導者は、普段の練習からピッチャーの限界点を観察しておかねばならない。たとえば、キャッチャーに直接「今日はボールが来ているか?」と聞く。「来ていません」、「ちょっと変です」と言われたら、そこでスパッと終わればいい。「ボールが走らないんだったら、お前自身が走っていろ」と軽い冗談でも言って、ランメニューに切り替えるのだ。逆に「今日はどう?」と聞いて「今日は良いです」と言われたら「良いフォームで投げているな。じゃあ、今日は300球投げよう」と言って、さらに投球数を増やしながら、同時に限界も探っていくのである。

私はこういう指導方法を続けてきたが、それでピッチャーが怪我をしたことは一度としてない。それは良いフォームで投げているからだ。フォームが悪ければ、怪我の原因にもなる。あるいは、どこか一部の筋力が弱いために、フォームに狂いが生じていることもあるだろう。それを指導者が理解しているかどうかだ。

そうやって各ピッチャーの力や限界点を充分に理解していれば〝これ以上投げさせたらこの子はパンクする〟という境界線が見えてくるはずである。つまり、そのピッチャーの体力面、フォームなどをすべて把握できていれば、その子の限界点をもっとも知っているのは指導者ということになるだろう。もちろん子供たちの限界値は、個人によって千差万別である。100球でフォームが乱れてくる子もいれば、平気で300球ほど投げ続けられる子もいる。9回を投げたら中1週空けた方がいい子もいるし、何食わぬ顔で連投をこなしてしまう子もいる。一概にすべての子を同じ基準の中で均一化してしまうことが、果たして教育上フェアと言えるのかどうか。

むろんピッチャーが限界に達したら、投げさせ続けることはしない。世の中が思っている以上に、指導者は子供たちを壊さないようにと、もの凄く神経を使っているものだ。「あなた方から言われなくても分かっていますから」と、声を大にして言いたい。自チームのピッチャーの限界を誰よりも分かっているのは、ルールや世間ではない。現場の指導者なのである。

7イニング制野球の可能性

国際大会ではどんどん7イニング制へと移行が進んでいるが、これも難しいところがある。7イニング制は、少なくとも私たちがやってきた野球ではない。野球とソフトボール、フルコートのサッカーとフットサル、バレーボールとビーチバレーぐらい違う競技だと、私個人は受け止めている。

そもそもが、試合時間を短縮するための措置だという。しかし、マラソンが長すぎるからといって、28キロぐらいに短縮してしまうと、もはやマラソンではなくなってくる。それと同じで、これまでとは野球そのものが一変するだろう。

7回に短縮されたからといって、ピッチャーの負担軽減になるかというと、そこにも疑問を挟む余地がある。7回を全力投球で投げれば、それはそれで故障のリスクも増すのではないか。意味としては、陸上の100m走を最高出力で10本走れと言われても無理があるのと同じだと思う。やはりピッチングには抜く部分も必要だ。遊び球もある。今までの投球術が激変してしまうだけでなく、試合の中にある〝間〟にも変化が起きて、野球というスポーツの特性も以前とは違ったものになるはずだ。

だからといって、7イニング制野球を否定しているわけではない。ラグビーだって、7人制があり、オリンピック種目にも採用されているのだ。しかし、世界では当たり前になりつつある7イニング制で勝とうと思うなら、高野連の中に硬式、軟式だけでなく「7イニング部門」を設置した方がいい。7イニング野球というものをより組織化して、その中から世界大会に出ていく形を作るべきだ。

今後、WBC以外の国際大会はすべて7イニング制になっていくという。日本の社会人野球も7イニング制に移行するという話を聞いた。だとしたら、今こそWBC以外の国際大会を、アマチュアに返上するベストのタイミングではないだろうか。7イニング制の国際大会は、社会人と大学の選抜チームで臨めばいい。アマチュア野球の活性化とアピールという点においても、まさに打ってつけの試みだと思う。

もし高校野球をすべて7イニング制で行なえば、ベンチ入りも15人でいいだろう。ということは、現行のルールから3人、もしくは5人がベンチを外れることになる。となれば、ベンチ入りはより狭き門となり、さらに競技人口が減っていくかもしれない。少なくとも100人の部員を抱える巨大なチームは、ほとんどなくなるはずだ。

または、高野連とは別の「7イニング制野球」の組織があってもいい。ただ、物理的に実現できるのかという問題もある。練習する場所は確保できるのか。現状のままでは、試合をする球場も不足するだろうし、指導者の確保も困難になるだろう。しかし、まだ発足すらしていないゼロ段階なのだから、議論していく余地は充分にある。

九学は高校野球界のファッションリーダー

ウェアやバッグといった子供たちが身に付けるグッズについては、私もこだわりを持っていた。まず、夏にメンバー入りできなかったスタンドの部員のために、応援用Tシャツを作った。「チーム全員で夏に向かうぞ！」という意気込みを、共通のシャツで表現したのだ。やがて、この動きに他の学校が追随し、今ではそれが当たり前となった。シャツには赤や青といった派手な色を散りばめ、九州学院のスクールカラーでもあるエンジ以外の色を積極的に取り入れてみた。それまでは高校野球のシャツに用いられることがなかった迷彩柄を、最初に取り入れたのも九州学院である。

バックパックを採用したのも、九州学院が初めてだった。２０１０年に、九州学院は銚子で行なわれた千葉国体に出場した。国体はベンチ入り人数も絞られるため、この遠征に連れて行った生徒は、マネジャーを含め総勢17人のみ。予算的にも、それ以上の人数を連れて行くことができなかった。しかし、道具は各自で持ち運びしなければいけない。少人数で多くの荷物を運ぶには、どうすればいいか。であれば、バックパックにしてしまえば、両手が使えるようになる。肩掛け式のバッグでも両手は使えるが、運搬中の道具がバッグに触れてしまうために、決して使い勝手は良くない。このバックパックを採用してから、効率性が一気に上がったのだ。

息子の宏志朗が主将を務めた翌春のセンバツでは、三塁側で2試合を戦った。つまり、試合後は多くのお客さんが見守るバックネットの前を、バックパックを背負って退場するのである。それを機に、高校野球界ではバックパックが大流行し、そのムーブメントは高校野球界をも飛び出していった。後になって、バックパックを背負って通勤する一般のサラリーマンが増えたのだと、メーカーの方が教えてくれたのである。

ある年のセンバツは雨が多く、雪も降るほど寒い大会だった。その時から、私たちは他校に先駆けてグラウンドコートをフード付きのものに変更した。フリースの導入も、九州学院はいち早かった。また、黒と紺と白を基調としていたVジャンを、スクールカラーのエンジ仕様に作り替えたところ「九学と同じ仕様のものが欲しい」という声が、全国の高校から続出したらしい。それだけエンジをスクールカラーとする学校が多いのだろう。メーカーから「これを定番化していいですか?」と問い合わせがあり、エンジ基調のVジャンが人気アイテムとなったのである。

このように、他校が真似てくれれば次を考える。それが変化であり進歩だと自分自身に言い聞かせ、私がデザインを手掛けるのである。生徒のために練習メニューを考えるのも同じことで〝こうしたら、もっと良くなるんじゃないか〟ということを常に考えながら、日々を過ごしてきた。その後、九州学院はVジャンをユニフォームと同じタテジマ仕様にしたが、これも業界初のデザインだったらしい。

私には、とにかく子供たちをカッコよく見せたいという思いがある。だから、ファッション性の高いウェアを身に付けさせたい。いつもは泥んこになって野球をやっている彼らが、甲子園のような晴れ舞台に立つ時ぐらいは、せめてカッコよく飾り立ててあげたい。いつからか「九学は高校球界のファッションリーダー」と言われるようになっていた。

しかし、野球人として一番発信したいことは〝スマートさ〟である。野球人がスマートな存在に見られるように、ユニフォームの着こなしだけは、きちんとしてくれないと困る。とくに、九州学院のタテジマは全国的に見ても古くから使用されている、伝統のユニフォームだ。ストッキングを出して、しっかり襟を立てる。シャツを出していたり、ズボンを下げていたり、ズボンの上からストッキングを履いてみたりといった、だらしない着こなしはいっさい認めなかった。

なお、リストバンドは許可した方がいいのではないかと思う。ベンチに戻らずともグラウンド上で汗を拭けるし、死球を受けた際の怪我防止にもなるだろう。「生徒の安全」を唱えるのなら、バッターが出塁した際に、プロでも使用している大きな走塁用手袋も付けた方がいいのではないか。このような怪我予防のためのアクセサリーも、導入を検討していく必要があるのではないだろうか。そうした動きが、野球のファッション性を高めることに繋がるのなら、なお良いだろう。

「サイン盗み」に守られた選手に未来はない

昨今の高校野球界は「サイン盗み」の常習性が危惧されているが、ここへ来て問題がさらに大きくなってきていると感じる。日本高野連は、指導要綱の中に「二塁ランナーやベースコーチがキャッチャーのサインを見て、バッターに球種やコースを伝えることを禁止する」と明記しているのだ。つまり、ルール化されているのである。にもかかわらず、こうした行為が一向に撲滅されない現状に、私は心を痛めている。

これは私の憶測に過ぎないが、実際にこのような行為をやっているチームはあるはずだ。ただ、明らかに盗んだと判断されたとしても、確固たる罰則も存在しない。だから「すみませんでした」のひと言で済まされてしまう。監督が己の非を認めるなら、まだ救いようがある。しかし、責任を生徒に押し付け「今後は紛らわしいことをしないように注意しておきます」のひと言で片付けてしまうのは、果たしていかがなものか。実際に生徒だけの判断で行なっていたとしても、高校野球の監督をするほどの人なら、選手たちの紛らわしい動きに気が付かないわけがないのだ。少なくとも、塁上にいる相手選手の動きはチェックしているわけだから、そういった言い訳が鵜呑みにされるはずはないのである。

〝それ〟をやってしまえば、選手としての成長もない。まず、配球を読むことができなくなる。常にまわりが教えてくれるのだから、バッターが配球を読まなくなるのは当然のことだ。仮にそういう選手がプロや先のカテゴリーに進んだとしても、第三者から救いの手が差し伸べられない状況では、どうすることもできなくなるだろう。また、高校時代から自分の頭で考えて野球をやっていないのだから、サイン盗みをしない高校を卒業した選手には、たちまち置いていかれるはずである。したがって、九州学院では「サイン盗み」はいっさいやらない。

「勝つこと」だけを考えて野球をしていると、本当にそういうことが起こってしまうのである。指導者が見ているのは目先の勝利で、子供の将来などは見ていないのだ。また、そういう指導者ほど自チームのピッチャーが異常をきたしても、勝利のために迷わず続投の判断を下すはずである。私だって、勝ちたい。しかし「1試合の勝利」という欲のために、ひとりの人間の将来を壊すことなど、私には到底できない。

今は「疑わしきことをしてはいけない」と言いながら、実際にそういうことが起きてもひと言の注意で終わってしまう。何のペナルティも下されないのだから、やったらやったぶんだけ「やり得」である。ただ、サイン盗みをやっているチームだけが上位に残るような高校野球では、あまりに悲しい。サイン盗みをやった結果、勝利したとしても喜べるものではない。また、喜んでいるようでは寂しすぎる。それこそ、100年以上にわたって高校野球を愛し、支持してくれた多くのファンを裏切ることにもなるだろう。

ましてや、高校野球は教育の一環である。不正を教えることが高度な野球の指導だと思っているとしたら、なおさら指導者としていかがなものかと疑問を覚える。

やはり、目に見える何らかの罰則を与えないかぎり、この堂々巡りは繰り返されていくのではないか。

選手の県外流出に思う、ルールの脆弱さ

ここへ来て、熊本県から県外の強豪に進学する中学生が増えてきた。しかも、その動きは年々加速している感すらある。近年の熊本県勢は甲子園や九州大会で苦しい戦いが続いている。有望選手の県外流出が直接の原因とは思っていないが、まったく無関係でもないだろう。

熊本県では、高校と中学校との接触は11月に入ってからと定められている。それは中学

校校長会の間で設けられた県独自の取り決めだ。一方で、そういった取り決めがない県もある。だから、選手獲得という点で、他県に比べてかなりの遅れが生じてしまうのである。

しかし、それが良いのか悪いのか。関東や近畿の強豪は熊本県内の〝ルール外〟にあるので、中学2年の早い段階からどんどん話を決めてしまう。もちろん選手の獲得は、ある意味で自由競争なので仕方ない部分はあるが、県によってルールがまちまちというのは、あまり好ましいことではない。

理想はやはり全国で統一ルールを設けるべきだ。そのルール作りが難しいことは、重々承知している。だからといって、完全に撤廃してしまうとどうなるか。すべてを撤廃してフリーの状態にしてしまうと、なかなか進路が決まらない子たちへの配慮が必要になってくる。中学校サイドとしては、そこを一番危惧しているのだ。それも充分に理解できる。

であれば、県外の学校に対しても、同じルールの中で対応していただきたい。熊本県内にはそういう取り決めがあるのだから、中学校側も県外の学校にそのルールを適用すべきなのだ。そうでなければ、フェアではない。

やはり誰もが知っている関東や近畿の甲子園常連校に声を掛けられたら、子供たちだけでなく、保護者のみなさんも〝その気〟になって当然だ。

「統一ルールを設けてほしい」ということで言えば、ピッチャーの投球モーションについても同じである。高校野球では「ピッチャーの2段モーションは禁止」と言われるが、プロ野球には2段で投げるピッチャーはたくさんいる。このように、野球界にはカテゴリーや所属連盟、地区によって、統一されていないルールがたくさんある。ルールをひとつにできない理由とは、いったい何なのか。足並みが揃わないことによって生まれる弊害も、少なくはないと思うのだが……

指導者のための巡回講習会

現在、国内のアマチュア野球界は、深刻な指導者不足に悩まされている。指導者がいないから、野球をやらない。誰も教えてくれないから、他のスポーツをやる。そんな理由で、野球離れが進行していくのはじつに嘆かわしい。

そういう現状を、黙って見過ごすわけにはいかない。そこで私は、次の世代を担う指導者に向けた講習で、各地を回りたいというプランを練っている。これからは、別に野球経験者でなくても、野球が大好きで野球を愛しているという人であれば、どんどん指導者になるべきである。小学校の先生でも、地域のおじさんでも、本当に野球が好きな人が指導してくれるというのなら、それでもいい。専門ではない人が〝仕方なし〟に指導している現状よりは、よほどマシだと思う。

野球が好きで、指導者になりたいという人たちが勉強する機会を、どんどん増やしていきたい。そして、私たちのように高校野球や社会人野球経験者で、すでに現場を離れている人間が、各地を回って講習していくのである。

「キャッチボールは自己責任。言葉のキャッチボール、心のキャッチボールができれば、キャッチボールはできますよ」というところからスタートして「キャッチボールは一歩踏み出せば送球がスムーズになります。胸に来なければ、一歩を踏み出すことでそこが胸の前になるのです」などと言いながら、基礎の「打つ、投げる」を指導していく。そういった技術指導だけではない。野球が嫌いにならないような声掛け、逆に言えば野球をより好きにさせるための声掛けをレクチャーしながら〝できなかったことができるようになった時の喜び〟を指導していくのである。

野球選手はプレートやベースの幅、投本間の距離、塁間距離やスリーフィートの長さといった、野球に関する基礎知識は絶対に身に付けておかないといけない。したがって、私たち指導者もこうした問題にスラスラ答えられるよう、講習の場であらためて勉強しておくべきである。

プロ側の人は「アマチュアは指導力が低い」と言うかもしれないが、それはアマチュアなのだから当然だ。しかし、高校1年生にプロの高等技術を指導しても、実践できるわけがない。だから「捕る、投げる、走る」以外の講習をどんどんやっていきたい。体の構造はもちろん、心理学や栄養学も一緒に学べる機会にしていきたいのである。

次世代の野球界を担う指導者を育てていくということは、次世代の選手を育成することにも繋がっていく。この講習会では、実際に子供たちへの指導、というよりも野球を楽しむ機会を設けたい。廃校になった旧小中学校のグラウンドがあれば、2面を使用して野球ができる。そして、60mか70mほどのラインにネットを張り、子供たちにオーバーフェンスの喜びを体感してもらうのである。柵越えが打てるようなグラウンドで、存分に野球を楽しんでもらう。そんな場所は、全国各地にたくさんあるはずだ。そうやって、私たちアマチュア野球の指導経験者が各県を巡回していけばいい。

結果的に、他の競技のような指導者ライセンス制度を作れば、適性を備えたいろんな人が指導の現場に立つこともできるだろう。たとえ選手がいても、そこに指導者がいなければ話にならない。種はあっても、畑がなければ花は咲かないし、実は付かないのだ。もちろん、畑はあっても種がなければ意味はないのだが……。

熊本地震

私たち熊本県民は、２０１６年4月に命の危険に晒されるほどの大災害を経験した。「熊本地震」である。4月14日、16日の夜間に、震度7という恐ろしい揺れが2度も発生。気象庁の震度階級が制定されて以降、震度7を2度計測するのはこの地震が初めてで、震源とされた益城町の計測震度は、東日本大震災（東北地方太平洋沖地震）での揺れを上回り、国内観測史上最大だったという。震度6強、6弱の余震を含めた一連の地震発生回数も、内陸地震では１９９５年の阪神大震災以降、最多を記録している。

この地震で死傷者の数は３０００人以上、避難者数は18万人以上にのぼった。県民にとってかけがえのないシンボル、熊本城の大天守も激しく損壊し、城内の石垣も各所で崩落。復旧作業は地震発生から7年が経とうとしている今もなお続いており、完全復旧は２０５2年になるとされている。

この間は学校も休校となり、もちろん野球部の活動もストップした。私たちは4月末に長崎県で予定されていた九州大会への出場が決まっていたが、大会自体が地震の影響で1

か月の延期となった。熊本県から出場する九州学院と秀岳館に配慮していただいた形だったが、私たちとしては〝とても、それどころではない〟というのが正直な心境だった。

練習どころか、生徒が集まることもできない。それでも、私たちは1か月後に長崎へと向かった。もし、私たち熊本県勢が出場を辞退すれば、大会そのものが参考記録になってしまう。春の九州大会も、生徒の進路に大きな影響を与える大会なので、しっかり戦って、公式記録に名を残さなければならなかったのだ。

ご存じのように、長崎には雨がよく降る。大会期間中も、雨の日があった。しかし、私たちは現地で練習施設を借りることはしなかった。片道3時間をかけて熊本に帰って練習し、練習後に再び長崎へと向かったのである。被災者の憐れみを感じさせてしまうような気がしたので、現地にいることが心苦しかったのだ。初戦でコールド負けした後も、私たちはすぐに長崎を離れた。しかし、あの遠征中に生徒が言った「余震がないからよく眠れます」という言葉は、今も忘れることができない。

あの時は〝練習できるって、本当にありがたいことだ〟と心から思った。今まで以上に野球が好きになったかもしれない。野球ができる、練習ができることが当たり前ではないと気づいたからだ。〝きつい練習すら楽しく感じるものだ〟と思えるようになった。あの悲惨な状況の中で、みんなが「友喜力」を発揮して頑張ったのだ。

同じようなことは、2020年以降のコロナ禍でも感じた。ただ、夏の大会が中止になった2020年も、野球はやるべきだったと私は思っている。世間からは「野球だけやるつもりか」という厳しい声が噴出していたが、野球が開催されれば、他の競技も実施できていたと思う。実際に他の競技団体からは「野球がやってくれれば……」という声がしきりに届いていた。センバツの代替で開催された甲子園交流試合をやれたのなら、夏の甲子園大会は実施できたのではないか。実際に各都道府県で「独自大会」という名の代替大会をやっていたのだから。子供たちは本当にかわいそうだった。

ただ、あの時は世界中でパンデミックが起きてしまった。日本国内だけでなく、全世界規模の問題だったから仕方ない部分もあるだろう。しかし、戦争による中止でなくて本当に良かったと思う。戦争は絶対にあってはいけないことだ。戦争をやってはいけないから、人々はスポーツで戦っているのではないのか。サッカーのワールドカップやWBCのように、国を挙げて戦うのは、スポーツの世界だけに留めておいてほしい。

高校野球で「郷土意識」を高める方法

高校野球は「郷土の代表」という言われ方をする。この言葉を、高校野球の関係者はもう少し意識しておくべきだ。

甲子園では、九州同士など同地区の学校が初戦で対戦しないよう配慮していただけないものだろうか。甲子園大会が始まると「白河越え」や「九州はひとつ」といった言葉が飛び交うように、各地で郷土意識が大きな高まりを見せる。高校野球とは、故郷を強烈に意識できる数少ないスポーツなのだから、初戦で同地区や隣県が対決するようなことは避けていただきたいものである。

国民体育大会（国体）における高校野球の在り方にも、思うところはある。国体の高校野球競技は、引退した3年生でチーム編成をするのがいいと思う。そして、他の競技のようにブロック予選を実施し、九州なら各県代表が本戦出場2枠を本気で争うのだ。そうやって注目度の高い高校野球が総合得点に加算される正式競技になれば、より地元のみなさんに愛されるスポーツになっていくだろう。

チームは侍ジャパン高校日本代表のように、各県ごとに常駐の代表監督がいて、その人がすべての大会を見て回りながら代表選手を選出していく。県内各地区から、少なくともひとりずつ選手を選出しなければならないというルールでもいい。また、県内各地から若い副部長の先生方がコーチとして県代表チームに派遣されれば、若い指導者の人材育成にともなるだろう。国体は2024年から「国民スポーツ大会」へと名称が変更となる。「そこに合わせて」となると時間が足りないかもしれないが、将来的にはそういう方針を打ち出してみてはどうか。

これはローカルな話になってしまうが、個人的には以前のような熊本県と大分県の優勝チームが対戦する「中九州大会」を、交流戦という形で復活させてみてはどうか、と思うのだ。春の優勝チーム同士や、決勝進出チーム同士がたすき掛けで対戦するのである。あるいは、オール熊本とオール大分で戦う「中九州大会」があってもいい。1年ごとに開催地を行ったり来たりしながらやれば、きっと面白いことになる。

私たちの頃の熊本県は、中九州で負け続けていたが、どちらの県で開催してもたくさんの人が応援に詰め掛けてくれた。大分の球場では、民家の屋根の上から見物している人や、木の上によじ登って試合を観ている人がたくさんいた。あの雰囲気をもう一度再現すれば、互いの県民は大いに沸くだろうし、いずれは全国規模でかつての地区大会を再現する動きが生まれるかもしれない。

また、私個人の考えとしては、センバツ大会では北海道や東京のように、沖縄県に1枠を与えるべきだと思う。沖縄県のチームは九州地区大会に出場しているが、大会のたびに少なくとも700キロ近い遠征を行なっている。九州本土の学校が、東海地区の大会に出場しているようなものだ。離島の高校も多く、県予選のために沖縄本島へ渡ることすら大きな負担になっていることを考えれば、決して無理な相談とも言い切れないだろう。また、沖縄は熊本以上に中学生の県外流出が激しいと聞く。もし沖縄に1枠が与えられれば、地元の高校に進学する中学生の数が、V字回復していくのではないだろうか。

ここ四半世紀の甲子園において、沖縄県勢の活躍はもちろん、選手たちのレベルアップも著しい。まさに先生方の指導と工夫の賜物である。つくづく頭が下がる思いだ。

おわりに

私は九州学院での指導者生活40年の間、いかにして「人に尽くすことができる生徒」を育てるかを考えてきた。いや、それは教員の道を最初に踏み出した銚子商の時代から、芽生えていた使命と言っていいのかもしれない。

そこを考えれば考えるほど、生徒たちが本当の我が子のように愛おしくなっていくのである。

九州学院には、グリップが巻かれていない新しいバットが納品される。そんな素のバットに、私が手作業でグリップを巻いていくのだ。グリップの巻きは、だいたい右バッターに合わせて巻いてある。それを左バッターなら左巻きに変えてあげなければいけない。

また、グリップが剝がれてきた時も、補修するのは私の役目だった。生徒は完全にグリップが剝がれた状態で「先生、お願いします」と持ってくる。「おう、そこに置いておけ」と言って、私は次の日の練習までに巻き終えておくのだ。おそらく、グリップを巻く技術だけならメーカーの方より上手かもしれない。

この子にはこのグリップ、この子にはこの巻き方。薄めの巻きを好む者もいれば、厚めの巻きを好む者もいる。それぞれ個人差があって、私は全部員の特徴と傾向を把握しながらグリップを巻いていくのである。短めに持つバッターの場合には、やや長めに巻いてあげる。グリップエンドを厚めに巻き、タイカップ型に寄せることもある。そのひとつひとつに「打てよー、打てよー」と〝まじない〟を掛けながら巻いていくのだ。そのバットで結果を出し、喜んでいる生徒の表情を見るのが、最高の幸せだった。

ちなみに、夏と秋の大会抽選会当日は、たとえ雨が降っていようと必ず朝5時ぐらいに九州学院のグラウンドに行き、施設内の各所を塩で清め、お神酒をかけて歩いていた。そういう時は絶対に「勝たせてください」とは言わず「ここで鍛えてもらったおかげで、いよいよ本番を迎えることができました。ありがとうございました」と感謝を口にしながら、生徒の活躍と無事を祈願するのだ。

生徒には怪我なく、そして悔いなくユニフォームを脱いでほしい。そして、高校3年間で身に付けた「友喜力」を糧に、堂々と次のステージへと巣立ってもらいたい。その思いが、私を長年にわたって突き動かし続けてきたのだ。

そんな私自身の指導スタイルが〝間違いではない〟と確信できる出来事があった。

理不尽な上下関係がなく、学年の垣根を越えて楽しく野球をする。それが私の目指した野球部の形だったが、やはりそういうチームは「チャラい」、「ユルい」と見られがちで、実際に周囲からそういう言われ方をしてきたことも知っている。

ずいぶん前の話だが、箕島で監督を務めてこられた故・尾藤公さんが、九州学院のグラウンドにいらっしゃったことがある。所用で熊本に来られた際「時間があるから、10分だけ練習を見学させてください」と立ち寄られたのだ。すると、尾藤監督はだんだん近くに寄ってこられて、私にこんなことを言ってくださったのである。

「監督、面白いね。私と真逆の野球をしている。ここの子たちは笑顔で野球をやっている。でも、その笑顔がふざけていないんだ。そして、誰が上級生で下級生かも分からない。子供たちも声を出すのではなく〝言葉〟を発している。これは必ず甲子園に行くだろう」

まさに、そのようなチームになるための試行錯誤を繰り返していた私にとって、最上級の誉め言葉だった。

春夏14度の甲子園出場で、優勝4回、通算35勝。泣く子も黙る尾藤監督は、結局1時間ほど練習を見て、帰っていかれた。それがちょうど吉本や高山がいた代で、のちに私は彼らとともに監督として初の甲子園出場を果たすことになるのだ。

指導者の方にお願いしたいことがある。「最近の若者は……」などと嘆く大人も少なくないが、まわりを見渡してほしい。世の中には、私たちが思っている以上に凄い若者がたくさんいるのだ。

オリンピック種目にも採用されて注目度を増しているスケートボードやスノーボードといったエクストリームスポーツ（Xスポーツ）も、以前は「あれは不良がやる遊びだ」とまで言われていたが、世界と戦う10代の選手たちには、もっと敬意を払うべきだ。彼ら、彼女らは本当に超人的な技に挑戦し続けている。あれぐらい本気で競技に向き合い、高校時代から取り組んでいれば、野球やサッカーもより世界に通用する選手が増えてくるのではないか。そういう意味では、昔から根強い人気で支えられているスポーツの方が、甘えてきた部分はあると思う。

東京オリンピックのスケートボードで金メダルを獲得した堀米雄斗選手も、大怪我と隣り合わせの世界で、どんどん大きな技を極めていっている。そして、その過程をしっかり言葉にもできる。ボクシングの村田諒太選手は、ロンドンオリンピックで金メダルを獲ってプロに転向し、世界チャンピオンにもなったが、彼の言葉のチョイスを見ていると〝決してボクシングだけの人間ではないな〟と、感心させられることが多い。サッカーの久保建英選手は、スペイン語を含め4か国語を話すことができるのだという。

スポーツの世界だけではなく、最近は凄く良い詩を書く女性シンガーも増えてきた。つくづく良い時代になったなと思う。スポーツも芸能も、若くして海外に出ていく日本人が増えている。その結果、彼らは語学を身に付け、人間のキャパシティをどんどん大きく広げているのだ。残念ながら、野球にはそういう部分が乏しい。

体育の選択種目のひとつとして、野球を授業でやるのもいい。ただ、そこに英会話やパソコンの授業を組み込めば、もっと野球界は進化していくのではないだろうか。

社会に出ていけば、行政手続きなども含めたサービスの多くが、パソコンやネットを通じて行なわれている。大学入試に関する手続きも、現在はすべてパソコン経由だ。英会話もそう。これからは、何でも世界に出ていき、世界と向き合っていく時代である。もし九州学院の選手が日本代表に選ばれて外国に遠征した時、他校の生徒から「九学の選手に付いていけば大丈夫だ」と言われるようでなければいけない。目の前から外国人が近寄ってきた時に、目を逸らして逃げ回る人間になっては、この先の社会では通用しないのだ。だから「授業の一環で午後から野球の練習をする」というのなら、1時間ぐらい早く練習を終えて、英語やパソコンの学習をする時間を、週3回ほど設けてみてはどうだろう。

いよいよ最後になったが、ここで次世代の野球人育成にあたる指導者のみなさん、そしてすべての現役高校球児に、この言葉を残したい。

手が汚れたら、洗えばいい
汗をかけば、拭けばいい
〝人〟を見られたら、情けない

これは、私がミーティングやホームルームで大事に使ってきた言葉である。

たとえば、草むしりをお願いした時に、人はどういう行動を取るか。いかに効率よく作業を進めていくかを考えたら、ピンセットでひとつひとつ抜いていくより、全体を一気に薙いでいった方が、より短時間で広範囲を綺麗にできる。要領が悪ければ、より良い方法を指導するのが私たちの仕事である。

人から物を頼まれた時には、とにかく実践すること。体を動かすこと。何より、目一杯やること。一生懸命にやって、汗をかいたなら、汗を拭えばいい。一生懸命に物事に取り組んだ後に入る風呂は、爽快感もひとしおだろう。そして、それだけのことをやる人間に対しては、信頼感が生まれるのである。

一方手抜きをする人は、本質を見透かされやすいものだ。「汚れる作業は嫌だ」と言って手を抜く者の仕事は、言うまでもなく仕上がりも良くない。そして、こういう人間は、次から物を頼まれなくなる。汚れたら、洗えば済むだけの話ではないか。このように、他人から人格を見透かされてしまうことを、情けないと思わないといけないのだ。

要領が良くなれば、人から物を頼まれやすくなる。それ以前に、まずは人から物を頼まれる人間であることが第一。人から物を頼まれなくなるということが、人間生活においてどれだけ寂しいことなのか。それを、これからの指導者は若者に説いていかなければいけないし、若者たちは心に留めておかねばならない。

この本の最初にも述べたが、40年もの間、先輩指導者の方々や多くの教え子との出会いに恵まれ、私は現在に至っている。また、野球以外にも同僚の先生方や高体連の先生方、保護者の方々にも大変お世話になった。あらためて、私の指導者人生に携わってくださったすべての方々に感謝を申し上げるとともに、この本を捧げたい。

私自身はユニフォームを脱いだが、私を育ててくれた野球界に対する恩返しは、今後も「友喜力」を振り絞りながら、様々な形で続けていきたい。ここまで拙い文章で好き勝手に持論を展開してきたが、最後までお付き合いいただき、ありがとうございました。

九州学院　野球部
前監督　坂井宏安

九州学院を強豪校に導いた

友喜力

2023年３月10日　初版第一刷発行

著　　　者／坂井宏安

発　行　人／後藤明信

発　行　所／株式会社竹書房

〒102-0075 東京都千代田区三番町8-1
三番町東急ビル6F
email：info@takeshobo.co.jp
URL　http://www.takeshobo.co.jp

印　刷　所／共同印刷株式会社

カバー・本文デザイン／轡田昭彦＋坪井朋子

カバー写真／アフロ

編集・構成／加来慶祐

編　集　人／鈴木誠